碑林

陕西出版资金资助项目

（珍藏版）

刻在石头上的历史

An Illustration to Vicissitudes of
Xi'an Beilin Museum over Nine Hundred Years

# 风雨沧桑九百年

## 图说 西安碑林

### 古代建筑 · 石刻艺术

赵力光　编著

西北大学出版社

**图书在版编目（CIP）数据**

风雨沧桑九百年：图说西安碑林. 古代建筑·石刻
艺术：珍藏版 / 赵力光编著. --西安：西北大学出版
社，2017.11（2023.4 重印）
　ISBN 978-7-5604-3795-8

Ⅰ. ①风…　Ⅱ. ①赵…　Ⅲ. ①碑刻—介绍—西安
Ⅳ. ①K877.42

　中国版本图书馆 CIP 数据核字（2017）第 276316 号

## 风雨沧桑九百年：图说西安碑林（珍藏版）
### 古代建筑·石刻艺术

赵力光　编著

西北大学出版社出版发行

（西北大学内　邮编：710069　电话：029-88302621　88303593）

全国新华书店经销　　西安奇良海德印刷有限公司印刷

开本：787 毫米×1092 毫米　1/16　印张：16

2017 年 11 月珍藏版　2023 年 4 月第 5 次印刷

字数：140 千字

ISBN 978-7-5604-3795-8　　定价：96.00 元

# 序

## 风雨沧桑九百年
### ——西安碑林历史漫溯

○ 赵力光

在西安古城墙的东南隅，坐落着一处幽深的古建筑群落，这就是西安孔庙及碑林。作为保存历代碑刻之特定场所的西安碑林，是在唐末至北宋近二百年间数次迁置唐《石台孝经》《开成石经》的过程中形成的。刊刻于唐天宝四载（745）的《石台孝经》和开成二年（837）的《开成石经》，刻成后即置于唐长安城内的，与长安太学、孔庙毗邻而建的务本坊国子监里，并成为士子们学习的范本。唐末战乱，长安城遭到了毁灭性的破坏。叛将朱温将宫廷百衙迁至洛阳，还把城中的宫殿和民居拆除，将木料沿渭河漂浮东下。昔日繁华的国都长安遂成为一片废墟，而长安及关中地区也从此失去了全国政治、文化中心的地位。

在这场浩劫后，驻防长安的佑国军节度使韩建为了便于防守和管理，对长安城进行了缩建。他放弃了原来的外郭城和宫城，在原皇城城垣的基础上建立了新城。但不幸的是，原存放《石台孝经》《开成石经》的唐务本坊国子监被委弃于郊野。之后，韩建和后梁时驻守长安的永平军节度使刘鄩，先后将二石经及其他碑石迁至新城内原唐尚书省西隅（今西安西大街一带）安置。这些碑石共同奠定了西安碑林的基础，而这次迁移也被称为西安碑林的第一次迁徙。

进入北宋以后，社会从历史的大动荡中逐渐恢复过来。经过战乱，唐代的门阀世族已经荡涤殆尽。从北宋之初起，大量庶族地主出身的知识分子通过科举考试进入统治阶层，从而在中国社会中出现了一个远比前代更为庞大的文人群体，并对其后的社会思想文化产生了多方面的影响。于是，在宋代不仅出现了更富思辨色彩的哲理化的新儒学——理学，还出现了寄情于山水的文人画和尚艺宣情的文人书法，以及更利于表达情感和意境的宋词。与此同时，知识阶层将目光投向历史，开始热衷于古代礼乐器物如青铜器、碑刻的搜集、整理和研究。于是便有了金石之学的兴起，并成为时尚。在众多的金石文物中，历代碑刻是他们关注的重点。

北宋时，长安更名为"京兆府"。北宋之初，京兆府的官员和地方士绅将散落于城郊各处的碑石，向城内位于原唐尚书省西隅的孔庙集中，使它们得到应有的保护。这些陆续迁入的碑石，与原本就保存在这里的《石台孝经》《开成石经》一起，为碑林的最终形成打下了基础，亦成为最早入藏碑林的藏品。宋仁宗景祐元年（1034），知永兴军（长安）府事范雍在原唐尚书省西隅创建京兆府学，结束了五代以来京兆府有庙无学的状况。元丰之初，吕大忠之弟知永兴军府事吕大防将府学、孔庙迁至"府城之坤维"。元祐二年（1087），陕西转运副使吕大忠见唐石经及其他唐宋碑刻保存地地势低洼、环境不好，遂将《石台孝经》《开成石经》及其他唐宋碑刻，从原唐尚书省西隅迁至"府学之北墉"，并建立起一个由碑亭和碑廊组成的相对独立的院落，而且使碑石的陈列规范有序。西安碑林的第二次迁徙由此完成。这一年，即1087年，被官方定为西安碑林的创建时间。北宋崇宁二年（1103），知永兴军府事虞策迁建庙学于"城府东南隅"，即碑林现址。至此，府学、孔庙、碑林同在一处，成为西安最为著名的文化区域。

北宋灭亡后，关中进入了一段短暂的由金朝女真族统治的时期。金代的统治者对汉文化采取了积极利用的政策，一百多年间，对遭到战争严重破坏的京兆府学、孔庙和碑林，进行了四次整修。然而，碑林在金末和大蒙古国初占关中之时的社会大动荡中，又遭受了很大的破坏，幸而在各族仁人志士的保护下，碑林最终没有被历史的风暴所摧毁，仍屹立于关中大地，显示着中华文化顽强的生命力。进入元朝，京兆府更名为"奉元路"。在此期间，地方官员对府学、孔庙和碑林进行过多次整修，有文字可考者八次，其中涉及碑林的有五次。元朝蒙古人的统治不足百年，便被元末农民大起义的风暴摧垮了。

明朝建国之初，改奉元路为"西安府"，并对经历战争已残破不堪的旧城进行了重修和扩建。孔庙、府学和碑林仍在原处未动。后来，因个中缘由，将长安县学和咸宁县学迁至此处，遂形成了"一庙三学"的格局。根据文献记载，当时的文庙居于整个建筑群的中心位置，府学在文庙的西侧且紧挨文庙，咸宁、长安二县学分别坐落于文庙的东侧和府学的西侧，碑林则在文庙之后，与文庙同在一条中轴线上。这里由此成为西安府城的文化和教育中心。在此期间，碑林藏石有所增加。然而，明嘉靖三十四年（1555），陕西关中发生大地震，据推测震级在8级以上。至嘉靖三十七年（1558），华州又地震。这种强烈而连续的地震，使碑林藏石遭受了严重破坏。此后，碑林有幸得到官府及民间士人的整修，得以发展、延续下去。在明朝长达二百七十多年的历史中，见于文献记载的对西安碑林、文庙、府县三学的修整有十一次之多，其中涉及碑林的有三次。

随着明朝由盛转衰，中国进入了封建社会的最后一站——清朝。进入清朝，乾嘉之学兴盛，这使兴起于宋代而在金元明时期一度衰落的金石学，获得了再度复兴和空前发展的机遇。从乾隆年开始，与乾嘉之学同步，清代金石学进入了它的黄金时代。它的研究领域比宋代金石学更加宽泛，包括碑刻、铜器铭文、钱币、玺印、砖瓦等研究领域，而且著述非常丰富。

乘着这一股清风，西安碑林也走出了低谷，迎来了其发展史上的又一个高峰。其中一个显著表现，就是藏石数量的大幅度增加，而且开始有隋唐墓志入藏。此外，还对碑林、孔庙和府县三学进行过多次整修，其中有文献记载者十四次，专门对碑林进行整修的有四次。随着碑刻的增加和整修的开展，西安碑林的建筑格局和陈列形式也发生了相应的变化。清乾隆年间，陕西巡抚毕沅设立碑林的管理机构，由地方官员直接派员管理，并除每年冬季三月锁闭不开外，其他时段均向社会开放。从此，碑林不再仅仅作为府学和孔庙的附属而存在，从某种意义上讲，它已经成为一个以收藏和保护古代碑刻为目的，并向社会开放的相对独立的文化机构。

进入民国以后，随着自隋唐以来延续千余年的科举制度的终结，西安府学与咸宁、长安二县学失去了它们存在的理由，成为了历史的陈迹，孔庙也失去了往日显赫的地位。唯有一直依附于府学、孔庙而存在的碑林，作为一笔宝贵的历史文化遗产，而被时代所接纳。

从民国之初到 1937 年，西安碑林由陕西省立图书馆代管，并向社会开放，孔庙则由孔教会管理。这一时期对西安碑林最大的贡献是 1937—1938 年的整修，这也是近代以来规模最大的一次整修。这次整修的规格相当高——由当时的中央级文物保护机构出面，中央政府拨款，内政部加聘监修委员会委员，邵力子、张继、孙蔚如等地方大员亲自参与其事，北平营造学社梁思成还参与了对碑林建筑及碑石排列的设计，可见当时对西安碑林的重视。经过整修，碑林的建筑面貌发生了很大的变化——占地面积大为扩展，所藏刻石有了严格的分类整理，并辟一新室专门收藏于右任先生所捐"鸳鸯七志斋藏石"。在当时的历史大背景下，这样大规模的文物保护工程应该说是难能可贵的。

整修之后，碑林有史以来的第一个专门管理机构——西安碑林管理委员会随即成立，它象征着西安碑林从此取得了独立的社会地位，终于走上了独立发展的道路。在抗日战争时期，它还为保护碑林藏石及其他单位所藏文物、古籍做出了重大的贡献。

1944 年，在西安碑林的基础上，陕西省历史博物馆成立。其仍以碑林藏石为基本藏品和基本陈列，还接收了省考古会、省立图书馆、西京筹备委员会等单位的所藏文物。特别是 1948 年，陕西省政府拆交了新城小碑林的三十八方碑石，以及历年搜购之流散文物。陕西省历史博物馆的成立是一个重要的开端，它不仅作为陕西第一所博物馆具有开创意义，而且在西安碑林历史上具有重要地位。古老的碑林，随着中国艰难曲折的近代化进程，终于从封建时代官学附庸的地位，一步步走上独立发展的道路，并由此开始向现代博物馆转化。

1949年中华人民共和国成立后，西安碑林进入了一个新的历史时期。1952年，其更名为西北历史博物馆。1955年又更名为陕西省博物馆，成为陕西省第一座综合性博物馆。1993年1月，随着新建陕西历史博物馆的落成和开放，位于原陕西省博物馆旧址的西安碑林和孔庙，正式更名为西安碑林博物馆。它以碑林和孔庙为基础，随之成为我国规模最大的以收藏、陈列和研究历代碑刻和石刻艺术品为主的专门博物馆。六十多年来，入藏碑林的各类碑刻和石刻艺术品的数量远远超过此前的任何一个历史时期。今日之碑林，藏石宏富，丰碑林立，时代序列完整，各种书体齐备，不仅成为中国古代碑刻书法艺术的宝库，而且是中国古代石刻艺术的殿堂。

风雨沧桑九百年，经过一代又一代有识之士和众多无名工匠的积累和保护，西安碑林终于形成了今天这样宏大的规模，他们将永远铭记于西安碑林史册。而与此同时，西安碑林及其所藏的珍贵石刻，在历史的一起一落、一兴一衰间，正记录着家国命运，见证着世事变迁，如今亦成为我们最为宝贵的历史文化遗产。让我们去追寻西安碑林的历史足迹，感受丰厚的文化内涵，品味经典的书法艺术，领略雄沉的古代雕刻，探寻碑石背后的故事……

# ‖目 录

## 古代建筑

西安孔庙 ……………………………………………… 5

礼门和义路门 ……………………………………… 19

照壁 ………………………………………………… 21

太和元气坊 ………………………………………… 24

泮池 ………………………………………………… 27

棂星门 ……………………………………………… 29

戟门 ………………………………………………… 32

御碑亭 ……………………………………………… 34

大成殿 ……………………………………………… 38

《石台孝经》碑亭 ………………………………… 41

《孔子像》碑 ……………………………………… 44

孔庙礼器 …………………………………………… 47

景云钟 ……………………………………………… 51

秦王府铜狮 ………………………………………… 56

碑林外景·三学街 ………………………………… 60

# 石刻艺术

（陕北汉画像石）

郭稚文铭文画像石 …………………………………… 68

米脂官庄墓门画像石 …………………………………… 71

铺首衔环四神墓门画像石 …………………………………… 74

盘鼓舞画像石 …………………………………… 77

迎宾六博画像石 …………………………………… 80

周穆王见西王母画像石 …………………………………… 82

孔子见老子画像石 …………………………………… 85

牛耕图画像石 …………………………………… 88

流云狩猎图画像石 …………………………………… 90

东王公画像石 …………………………………… 92

墓主升仙图画像石 …………………………………… 94

铺首衔环墓门门扉画像石 …………………………………… 96

狩猎纹画像石 …………………………………… 98

舞蹈、饲马图画像石 …………………………………… 100


（陵墓石刻）

东汉双兽 …………………………………… 104

永陵石兽 …………………………………… 106

李静训石棺 …………………………………… 109

永康陵蹲狮 ………………………………………………… 112

献陵石犀、石虎 ………………………………………… 115

昭陵六骏 …………………………………………………… 120

昭陵走狮 …………………………………………………… 127

唐代石羊 …………………………………………………… 130

李寿石墓门、墓志、石椁 …………………………… 134

唐代碑首 …………………………………………………… 140


（宗教造像）

和平二年造像 …………………………………………… 144

皇兴造像 …………………………………………………… 148

景明二年四面造像 ……………………………………… 152

刘保生无量寿佛造像·刘保生夫妇弥勒造像 ……… 157

田良宽造像碑 …………………………………………… 163

邑子六十人造像碑 ……………………………………… 166

茹氏一百人造像碑 ……………………………………… 171

朱黑奴造像碑 …………………………………………… 174

交脚弥勒造像龛 ………………………………………… 176

北周五佛 …………………………………………………… 179

北周观音菩萨立像 ……………………………………… 189

建崇寺造像碑 …………………………………………… 191

北周白石蹲狮 …………………………………………… 194

白显景造老君像 ……………………………… 196

隋菩萨立像 …………………………………… 198

佛坐像 ………………………………………… 200

佛立像 ………………………………………… 202

观音菩萨坐像 ………………………………… 204

断臂菩萨立像 ………………………………… 206

十一面观音头像 ……………………………… 208

安国寺密宗造像 ……………………………… 211

天王像 ………………………………………… 226

老君像 ………………………………………… 228

（其他）

大夏石马 ……………………………………… 230

石灯 …………………………………………… 233

石雕关平、周仓像 …………………………… 235

拴马桩 ………………………………………… 238

古代建筑

今天我们所见的西安碑林创建于北宋元祐二年，即1087年。随着朝代的更迭，碑林与府学、孔庙一起，在经历了多次迁置、毁坏、整修和扩建后，最终在众多前辈学者和社会贤达的共同保护下，形成了如今的规模。

目前的西安碑林，基本上保持了1937—1938年整修后的原有格局，又经新中国成立后的几次维修和扩建，现由孔庙、碑林、石刻艺术展室三部分组成，共有七座碑石陈列室、九座碑廊、八座碑亭和两座石刻艺术展室。

西安碑林的正门，即孔庙的开端，由东西两侧大门组成。东侧大门称为义路门，西侧大门称为礼门。由义路门进入西安碑林，首先看到的是一座斗拱繁复的木牌坊，即太和元气坊。其南是照壁，其北是泮池，泮池间为泮桥。与木牌坊相对的是棂星门。进入棂星门向北望去，便可看到朴素端庄的戟门。棂星门东西两侧是两座大型展室。穿过戟门，则是已辟为展室的原孔庙东西两庑和对称而立的六座碑亭。穿过碑亭，是原孔庙大成殿基址，现辟为广场。

面对广场而立的那座绿蓝红柱、双层飞檐的碑亭，便是著名的《石台孝经》碑亭，它是碑林的标志性建筑物。来到这里，便进入了位于孔庙之后的碑林。

《石台孝经》碑亭后，依次是碑林各展室。以卷棚过廊与《石台孝经》碑亭相连的是碑林一展室，主要陈列着碑林中入藏最早也是最重要的藏品《开成石经》。碑林二展室陈列的几乎全是唐代名碑，如《大秦景教流行中国碑》及虞世南的《孔子庙堂碑》、颜真卿的《多宝塔感应碑》等。碑林三展室陈列着由汉至

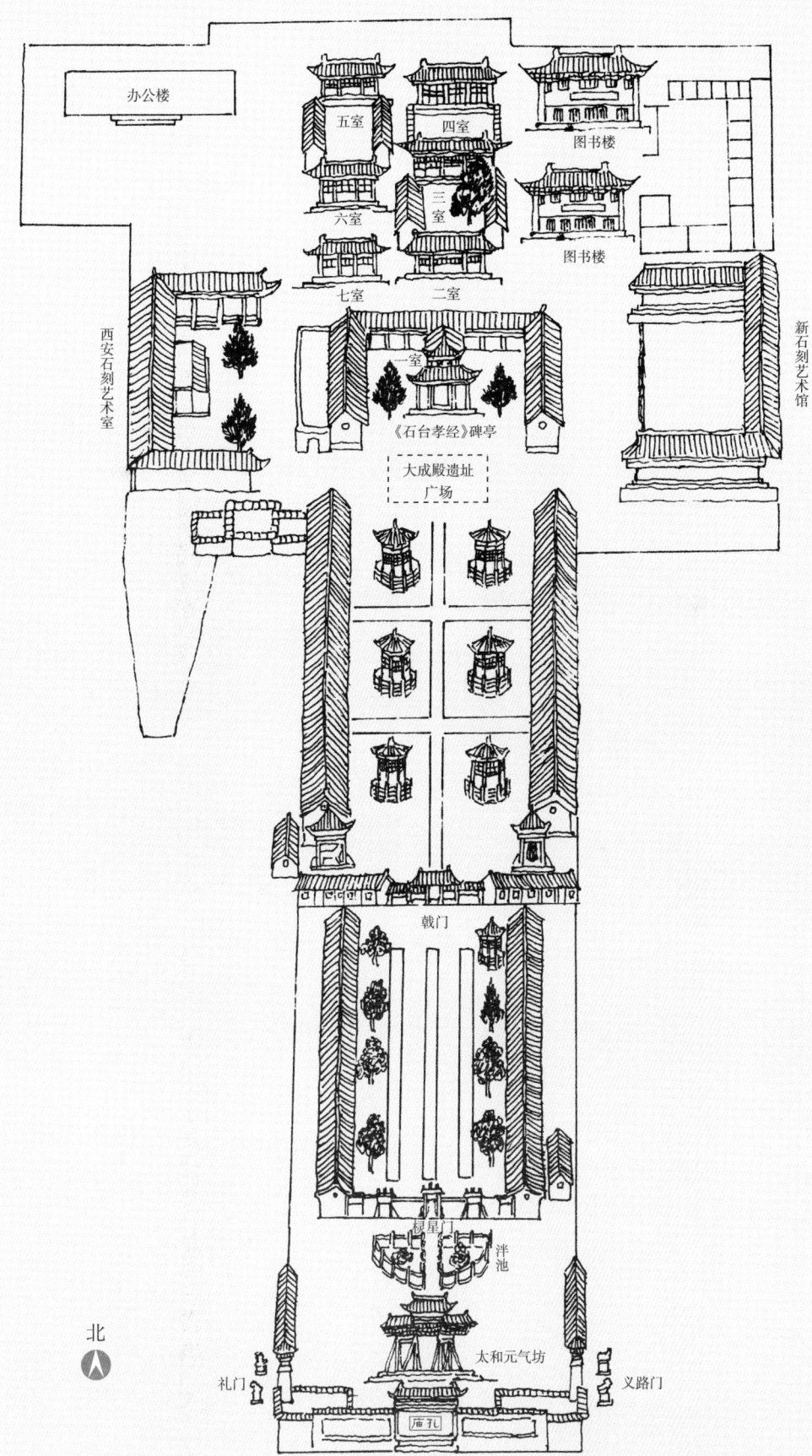

办公楼

五室　四室　图书楼

六室　三室

七室　二室　图书楼

西安石刻艺术室

一室

《石台孝经》碑亭

大成殿遗址
广场

新石刻艺术馆

戟门

棂星门

泮池

北

太和元气坊

礼门　义路门

庙孔

西安碑林博物馆平面图

宋各种书体的珍贵碑石，如篆书《美原神泉诗序碑》，隶书《熹平石经·周易》残石、《曹全碑》，楷书《颜勤礼碑》，行书《真草千字文》等。碑林四展室陈列着宋至清代的书法名家如苏轼、黄庭坚、米芾、赵孟頫、祝允明等人的书迹，还有这一时期具有史料价值的碑刻和诸多的石刻线画。碑林五展室主要陈列着宋至清代修庙、赡学、筑城、开渠等内容的记事碑。此外，还有宋刻秦《峄山刻石》、清刻汉《敦煌太守裴岑纪功碑》等。碑林六展室陈列的碑石以元、明、清各代文人学士的诗词歌赋为主。碑林七展室全部用来陈列清顺治年间刻西安本《淳化阁帖》。另外，在碑林二、三展室之间，三、四展室之间，五、六展室之间，均有碑廊相接，主要用于陈列历代墓志。于右任所捐"鸳鸯七志斋藏石"和新出土的隋唐墓志中的精品，均陈列于此。

在碑林一展室的西侧，是西安石刻艺术室。这里展陈有汉唐时期的石刻作品七十余件，如东汉双兽、陕北汉画像石、北朝佛教造像、唐昭陵六骏等。在一展室的东侧，是于2010年新建的石刻艺术室，设有"长安佛韵"陈列，将碑林所藏的佛教造像作为专题予以展示。

西安碑林的建筑延续了明清的建筑风格，在保护碑刻等文化遗存的同时，也成为一个时代的缩影。

# 西安孔庙

清代以前，碑林并不独立存在，它一直依附于孔庙和京兆府学（明代以后称为西安府学）。因此，我们在细数碑林那些林林总总的石刻遗存之前，不能不提及孔庙，亦不能忘记其作为保护碑林的屏障所起的重要作用。

孔庙，即文宣王庙，又称文庙，是用来祭祀我国伟大的哲学家、思想家、教育家孔子的祠庙建筑。据历史记载，孔子卒后第二年（前478），鲁国国君鲁哀公为了纪念孔子编修鲁国史书之功绩，将山东曲阜孔子的故居辟为庙宇，收集保存孔子生前用过的衣、冠、琴、车、书籍等物品，以为纪念。这就是最早的孔庙。随着历代封建统治者对孔子及儒家思想的推崇，孔庙得以不断扩建、增建。

位于碑林之南的西安孔庙，其历史可以追溯到唐代初期。唐武德二年（619），李唐王朝刚刚建立，统一战争的烽火硝烟还没有平息，唐高祖李渊便诏国子监立周公、孔子庙各一所，以周公为先圣，以孔子为先师，四时致祭。至贞观二年（628），唐太宗接受房玄龄的建议，以孔子为先圣、以颜回为先师进行祭祀，从此停祭周公。贞观四年（630），又诏州县皆立孔子庙。孔庙自此遍布全国。开元二十七年（739），唐玄宗封孔子为文宣王，因此孔庙又被称为文宣王庙。

唐代的孔子庙堂，处在尚书省西隅国子监中最为显著的位置。从流传至今的唐《孔子庙堂碑》中，可以得知国子监孔庙曾经的规模与盛况。"万雉斯建，百堵皆兴。揆日占星，式规大壮。凤甍骞其特起，龙桷俨以临空。霞入绮寮，日晖丹槛。"

开成二年（837），著名的石刻典籍《开成石经》刊刻完成，并被藏于国子监的讲论堂里，具体位置在国子监中的孔庙之西。从此，西安孔庙与碑林的命运便连在了一起。它们在共同经历了唐末至北宋近二百年的几次迁置之后，最终定于现址。此后历经九百余年，历朝历代对孔庙都有整修。直至1944年，陕西省历史博物馆（今西安碑林博物馆前身）成立，孔庙划归博物馆。然而遗憾的是，此后人们只知有碑林，而不详孔庙在其内。

西安孔庙自北宋崇宁年间迁建于现址后，始终保留着中国传统的中轴贯穿、左右对称的庭院风格。明成化十一年（1475）《重修西安府学文庙记》云："扩其旧址，首建大成殿七间，崇四丈有五，深五丈，衮九丈有二。两庑各三十间，崇深视殿半之，衮且数倍。次作戟门，又次棂星门，又次文昌祠、七贤祠、神厨、斋宿房、泮池。"万历二十年（1592）增建太和元气坊。崇祯九年（1636）《重修文庙碑记》中记述："其殿七楹，东西庑各十九楹，启圣三楹。"清顺治十年（1653年），孔庙在明代旧址上重新修建。雍正年间的《陕西通志》也记载有："正殿七间，两庑各十七间，庑南为厨舍，东西各二间，前为仪门，稍南为碑亭二，两司府县官厅东西相向，又南为宰牲所，前为棂星门，门前为泮池，跨以石桥……桥前为太和元气坊，左右碑亭二……坊前为屏，东西二坊曰贤关，曰圣域。"据乾隆年间的《西安府志》卷十九《学校志》载："大门前有坊，内有泮池；仪门内当甬道为魁星楼，中为明伦堂，两旁四斋，曰：志道、据德、依仁、游艺。东西号舍各三十六楹，堂后为尊经阁，阁后神器库，射圃亭。"乾隆年间后期，在孔庙庭院的中部修建了六座对称的八角亭，用以置放康熙、雍正、乾隆诸位皇帝的御书碑石。民国七年（1918）在孔庙中轴线的最南端重建照壁，并于其外侧书写楷书"孔庙"二字，尤显庄重肃穆、简洁朴素。此外，清朝雍正二年（1724），川陕总督年羹尧量西北物力，为西安孔庙续补上了一整套精致的祭祀器皿。从这些有限的留存世间的文献资料，我们依稀可以遥想到当年孔庙的风貌。

西安孔庙的建筑规模虽不大，但无论是从整体格局，还是从单体结构来看，都烘托、渲染了孔子和他的思想，展现了孔子崇高的地位，表达了后人对孔子的崇敬之情。就拿孔庙的整体格局来说，在全部建筑中突出中心，然后设一中轴线，两旁协调相配，使孔庙的总体建筑空间达到神圣、庄重、统一、秩序井然、主次

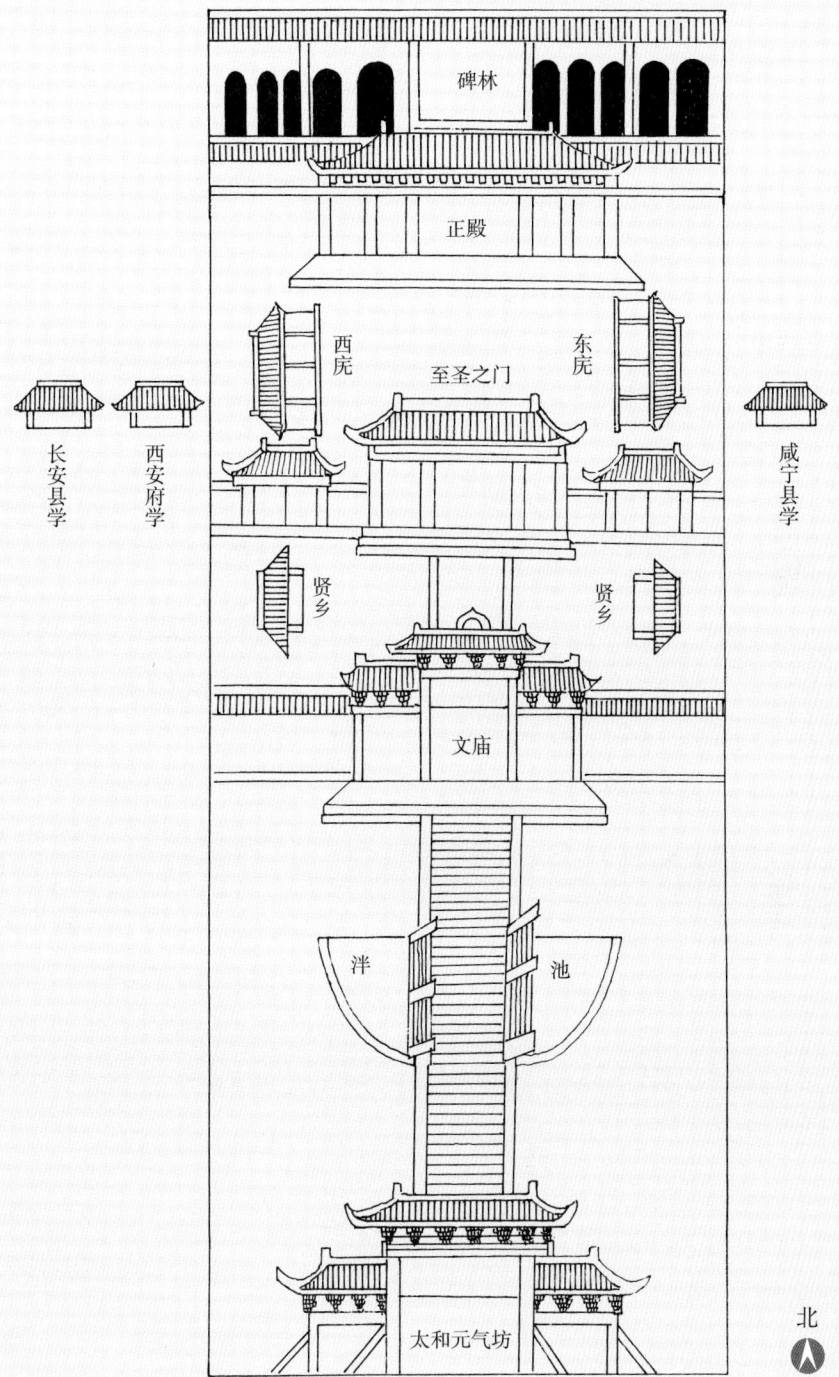

碑林

正殿

西庑　　　　至圣之门　　　东庑

长安县学　　西安府学　　　　　　　　　　咸宁县学

贤乡　　　　　　　　　贤乡

文庙

泮　　　池

太和元气坊

北

明代西安孔庙平面图

分明与整体和谐的意境。这种空间意境，恰恰是对儒学思想中"中""正""和""序"等观念的直接反映，体现了儒家思想对孔庙建筑美学的影响。

沧海桑田，物换星移。如今西安孔庙的主体建筑大成殿已不复存在，乡贤祠等已改建为陈列室，我们今天仅能看到一些建筑遗存。西安孔庙内，从南向北依次有照壁、太和元气坊、泮池、棂星门、戟门（仪门）、碑亭、东西两庑、大成殿广场，照壁两侧为出入碑林的礼门和义路门，建筑内还保存有当年祭祀孔子时使用的礼器和孔子像等遗存。它们历经各代，又发展延续，继而成为儒家文化的汇集之所和优秀传统文化的传承之地。

1906年西安孔庙太和元气坊

1906年西安孔庙戟门

1906 年西安孔庙泮池

1906 年西安孔庙大成殿

1951 年未整修的西安孔庙（一）

1951 年未整修的西安孔庙（二）

1951 年未整修的西安孔庙（三）

1951 年未整修的西安孔庙（四）

1953 年整修御碑亭

1953 年重修西安碑林

1953 年重修东庑

1953 年安装碑石

1954 年西安孔庙太和元气坊

1954 年西安碑林石刻艺术陈列室

1955 年西安孔庙大成殿

1955 年西安碑林石刻陈列西廊

1957 年陕西省博物馆（今西安碑林博物馆前身）正面全景

1957 年西安孔庙泮池

1959 年之前的西安孔庙

1959 年之前的西安孔庙大成殿

1959 年西安孔庙大成殿焚毁后的台基老照片

从戟门望大成殿老照片

《石台孝经》碑亭老照片

西北历史博物馆（今西安碑林博物馆前身）大门（1952—1955）

# 礼门和义路门

　　孔庙无论大小，其整体建筑格局均为坐北朝南。耐人寻味的是，通常孔庙不设南门，而开西门（礼门）和东门（义路门）。这是因为孔子在我国古代的地位很高，可以说是尊贵无比、高山仰止，若开南门则被视为不敬，于是便在孔庙南

西安孔庙礼门（西门）

西安孔庙义路门（东门）

边修建照壁（影壁、塞门）来挡住视线，并在其西、东分别开礼门、义路门二门，供人们出入。据《孟子·万章章句下》一文载，"夫义路也，礼门也，惟吾子能由是路，出入是门也"。意思是说，唯此两门供君子出入。西安孔庙现在的西门、东门，为新中国成立后改建而成。

礼门、义路门是礼乐教化的象征。"礼"是中国古代思想史上的重要概念。从西周开始，周公制礼，以规范人们的言行。到春秋末期，礼崩乐坏，诸侯相残，民不聊生。孔子便提出"为国以礼"，建立了以"仁"为核心、以"复礼"为目的的思想体系。他指出："礼乐不兴，则刑罚不中；刑罚不中，则民无所措手足。"（《论语·子路》）《左传·昭公二十五年》又载："夫礼，天之经也，地之义也，民之行也。"于是，在贵族阶层和孔子师生间形成了一种共有的信仰，即礼是良好政治的依据，也是人的精神依托，礼之中蕴含着生命的本质和理想。

孔子谈论礼时，把仁的意蕴寓于礼仪之中。他主张，祭神时一定要庄严、恭敬，好像神就在自己面前一样。可以说，孔子关于礼的思想，既具有建立良好社会秩序的功能，又是人生神圣价值的依托。

# 照壁

照壁，俗称影壁，是我国古代庭院中的一种墙壁式附属建筑。可位于大门内称为内照壁，也可位于大门外称为外照壁。照壁一般由青砖修砌而成，分为座、身、顶三部分，具有挡风、遮蔽视线的隔离作用。墙身的中心区域称为照壁心，通常由呈 45 度角斜放的方砖贴砌而成。有的照壁较简单，虽然装饰不多，但所用青砖之间对缝统一、排列整齐。对于规格较高的照壁，则要有一些吉祥图样的砖雕来装饰。砖雕主要装饰在墙身中心区域的中央和四角。中央方砖上雕刻有中心花或者镶嵌有福寿字样的砖匾。风格迥异、功能各异的照壁，给庭院不仅带来古朴雅致、祈福纳祥的氛围，也增添了书香翰墨的气息。

照壁在古代又被称为塞门。只有达到一定等级的达官贵族，才可以在家宅中修筑此门。孔子因被封为文宣王，地位至高，故在孔庙中设置照壁。

西安孔庙的照壁即现碑林博物馆南墙，有"万仞宫墙"之意。《论语·子张》载："叔孙武叔语大夫于朝曰：'子贡贤于仲尼。'子服景伯以告子贡。子贡曰：'譬之宫墙，赐之墙也及肩，窥见室家之好。夫子之墙数仞，不得其门而入，不见宗庙之美，百官之富。得其门者或寡矣。……'"鲁国大会诸侯的时候，有人指出子贡的学问博大精深，可与孔子相提并论。这话传到了子贡的耳朵里，他马上反驳说："我可不敢和我的老师孔子相比。如果把一个人的学问比作一堵墙，我这堵墙只有一仞高，大家一踮脚尖，就可以看到里面的东西，没什么深奥的。而我的老师孔子的这道墙有数仞之高，如果你不走进去，是无法知道他学问的高深

西安孔庙照壁（外侧）

西安孔庙照壁（内侧）

刘晖书"孔庙"

的。能够找到大门进去看的人实在太少了。"周制一仞为八尺，约合 1.8 米；汉制一仞为七尺，东汉末为五尺六寸。后来，人们便以"万仞宫墙"来比喻孔子的德行和学问如同一道只能仰视的高墙，用以赞扬儒家文化的博大、精深。

西安孔庙的照壁为"一"字形顶，壁身内侧的中央区域为一菱形花砖，外侧墙面上则题有两个苍劲有力的描金楷书大字"孔庙"。此二字书于民国九年（1920），出自清朝末年陕西著名书画家刘晖。刘晖为人正直，处世清白，崇尚节俭，勤奋治学。他对楷、草、隶、篆、行书都十分精通，特别是其楷书得法颜真卿却不拘泥于颜体，又取法王羲之、米芾、文徵明而独辟蹊径。其书法可谓风格古朴苍劲、结体凝重有力。

# 太和元气坊

　　牌坊，又称为牌楼，为门洞式纪念性建筑物，具有悠久的历史，是中华文化的象征性建筑，在我国传统文化中占有独特的地位。牌坊的原始雏形名为"衡门"，是一种由两根柱子架一根横梁构成的最简单、最原始的门。在我国封建社会，牌坊具有宣扬封建礼教、昭示美德、标榜功德和赞颂功绩的作用。

　　矗立在西安孔庙照壁之前的这座太和元气坊，建于明万历二十年（1592），是由皇族朱惟焩出资四百多两黄金修建而成的。万历四十二年（1614）刻《秦贤宗建文庙坊亭记》碑上，专门记述了这位皇族"捐金四百有奇"，修建了这座被称为"太和元气坊"的木牌坊。

　　那么，"太和元气坊"的名字由何而来呢？在古语中，太通"大"，有至高、至极之意。和，指对立面的均衡、和谐和统一。太和，指天地、日月、阴阳汇合、冲和之气。中国北宋哲学家张载用"太和"一词形容气氤氲未分的状态，即阴阳二气矛盾的统一体。元气，原意为形成世界的原始物质。古人将金、木、水、火、土这五行称为元气，并认为世界上的万事万物都是由这五行构成的。太和元气坊，即汇集天地、日月、阴阳汇合之气的地方，象征着万物生长的根本所在，寓意孔子的思想是人类思想的精华之元。

　　从建筑的整体结构来看，太和元气坊包括四柱、三门、三楼，还有斗拱繁复的歇山式屋顶。它所具有的强烈的装饰美化作用，使整个孔庙建筑组群显得布局严整、层次分明，格外庄重、雅致、幽深，且丰富多变。一方面，它昭示了孔庙

西安孔庙太和元气坊

太和元气坊上的彩绘图案

建筑群的重要性和至高地位；另一方面，作为进入孔庙的引导，它有效地渲染了孔庙建筑群入口的壮观气氛，突出并强化了孔庙建筑群的庄严和肃穆。

从建筑的装饰元素和对色彩的运用来看，太和元气坊呈现出日、月、龙、凤巧妙结合和红、黄、蓝、绿交相辉映的精彩效果，体现了古代宫殿建筑最高等级的彩画形式。早期的彩画仅是在建筑物上涂以颜色，后来逐渐发展成描绘动植物等图案花纹。东汉文学家张衡在《西京赋》中有"雕楹玉碣，绣栭云楣"的描述，关于馆室次舍则有"采饰纤缛。裛以藻绣，文以朱绿"的记载。逐步走向规范化和程式化的彩画，到明清时期基本形成固定制式。明清时期的彩画主要有两大类。一类是完全图案化的"和玺彩画"。其以金色龙凤为主要题材，包括金线大点金、墨线大点金、金琢墨、烟琢墨、雄黄玉、雅五墨等。建筑的等次级别由用金多少和题材类型来体现。另一类是后来才兴起的"苏式彩画"。它的特点是在梁枋上以大块面积画出包袱形的外廓，然后在包袱皮内描绘各种山水、人物、花鸟鱼虫及历史故事、戏剧题材等。太和元气坊上的彩绘采用的是"和玺彩画"的形式，其丰富的色彩、和谐的色调，使整个建筑显得金碧辉煌、富丽典雅，更显现出恢宏、壮观的气势。

如今，作为西安孔庙的主要建筑之一，高大、精致、华美的太和元气坊，不仅彰显了孔子的崇高道德和丰功伟绩，还暗藏深意——寓意孔子的学说就像宇宙中的天体，循环往复，永恒长存。

# ▌泮池

位于太和元气坊和棂星门之间的泮池，建于宋代，后经历代修葺，是西安孔庙中最为古老的建筑。泮池由两个外圆内直的扇形水池构成，水池之间有小桥，是为泮桥。池壁为石砌，池边及桥上均施望柱、栏板。栏板一般为整方青石，不施雕饰。

西安孔庙泮池

在我国古代的礼制中，天子之学称辟雍，它四面环水、中央建堂，俯瞰如玉璧；诸侯之学称泮宫，通常在东、西、南三面通水，形状如同半璧，所以又有泮水、泮池之称。泮者，半也，是指它在形制上是辟雍的一半，故称"泮宫"。又说，春秋时的思想家、教育家孔子在鲁国讲学，其授课地点设在泮水之滨，人们便在这里修建学校，并称之为泮宫。"泮宫"由此成为后世学府的代称。后来又发展为在孔庙前设泮池，取意"学无止境"。

在我国古代，学校和孔庙常常是毗邻而建的。西安碑林收藏有金正隆二年（1157）刻《京兆府重修府学记》碑，碑文在讲述京兆府学的沿革时写道："京兆旧学，在府城之坤维，地非亢爽。前宋崇宁二年，命郡县建学，以宾兴贤能。府帅枢密直学士虞公策承命诣学，谓诸生曰：'鲁修泮宫，有思乐泮水，薄采其芹之颂，是知泮水以育人材（才）也。'"碑文中的"思乐泮水，薄采其芹"出自《诗经·鲁颂·泮水》。泮水，泮宫之水。芹，水菜。古时学宫有泮水，入学则可采水中之芹以为菜，故称入学为"采芹""入泮"。明清实行科举制度，县学考生考中者为秀才，须入县学宫拜谒孔子。考生往孔庙祭拜时，可在泮池中采摘水芹，并将其插在帽檐上，以显示自己的文才。此外，考生须在取池中水涮洗毛笔之后，才能由棂星门进入孔庙祭拜孔子，以示自我升华，入学孔门。

位于孔庙中轴线前端的泮池，作为地方官学的标志，是孔庙中不可或缺的标志性建筑。

# 棂星门

　　灵星为星宿名，是神话传说中主管取士的神。在我国古代，祭天是一项庄重的仪式。祭祀时，按规矩要先祭灵星，以祈求五谷丰登。后来，在儒家学说成为封建统治思想的核心之后，封建帝王便用"灵星"来命名孔庙的大门，是为"灵

西安孔庙棂星门

星门"，象征着封建社会像尊天一样尊孔，也寓意孔子是天上的星宿下凡。从形制上来讲，由于其门形如窗棂，而"灵"与"棂"相通，"灵星门"就逐渐演变成"棂星门"。这就是孔庙棂星门的由来。

西安孔庙棂星门，始建于元代，由青石修筑而成，上刻云龙花卉图案。棂星门原为二门，现为三门，由三座分体式石牌坊组成。在三门的上端，各立有蹲兽麒麟二只，并有火珠背光。麒麟是传统神兽，象征着神圣与肃穆，它出没的地方必有祥瑞之事发生。所以，棂星门上立麒麟，寓意着德才兼备之人纷至沓来。棂星门多为木牌坊或石牌坊。西安孔庙的棂星门原为木质，在明代时改为石质。西安碑林收藏的明嘉靖十一年（1532）《西安府重修学庙之碑》，记述了嘉靖九年（1530）整修文庙的事，上载"两庑与戟门、棂星，更用新木，改以石柱"。

棂星门的中门门楣上书有"文庙"二字，东门门楣上书有"德配天地"，西门门楣上书"道冠古今"。东西二门上书的文字取自明代陈凤梧《圣贤道统赞·孔子赞》中的内容，即"道冠古今，德配天地。删述六经，垂宪万世。统承羲皇，源启洙泗。报功报德，百王崇祀"。孔子作为春秋末期伟大的思想家、教育家及儒家学派的创始人，被称为万世楷模，他的德行与天地同齐、与日月同辉，他的道行为古今之冠。《论语·里仁》中就有"吾道一以贯之"和"夫子之道，忠恕而已矣"的语句。

作为进入孔庙的第一道大门，棂星门反映了等级森严的古代礼仪制度。古时，中门仅供主祭人员和最高官员出入，一般官员由西门出入，文庙中的人员则由东门出入。

在棂星门内道路的两旁，各立有两个八棱形的华表，为明清时所建。华表分柱头、柱身、柱基三个部分。柱头上设有承露盘，上有蹲兽名獬豸，性忠直，起着仪卫和端详的作用。华表早在远古时期就已出现，传说古代帝王为能听到百姓的意见，曾在宫外悬挂谏鼓，在大道上设立谤木，允许臣民书写自己的意见。这些"谤木"就是华表。早期的华表是木质的，后来发展成为石质的。北京天安门前和山东曲阜孔庙里的盘龙华表，是这一建筑形式的最高等级。

棂星门门楣及底座

# 戟门

　　戟门，又称启圣门、仪门，因祭孔时在门两侧陈列仪仗性的礼兵器而得名，是西安孔庙古建筑群中十分珍贵的明代建筑。按照古代的礼仪制度，宗庙、陵墓等门前是否设立戟门和列戟多少，是衡量主人身份的一个重要标志。孔子在唐代被封为文宣王。从宋代开始，为显示文宣王的威仪，钦准在戟门两旁分列持戟武士共二十四名，其威仪等同帝制。这一定制，从宋大观四年（1110）一直延续至清末。古代举行盛大的祭孔大典之前，文武官员必须在戟门前整理好自己的仪容、仪貌，并在熟悉祭孔的仪规后才能进入。同时，为了表示对孔子的尊敬，武官要将随身携带的兵器陈放在戟门两边的配室中。

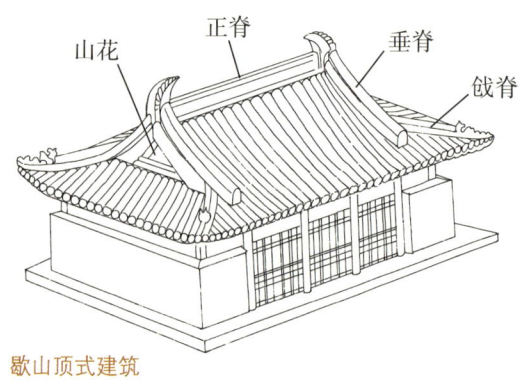

歇山顶式建筑

西安孔庙戟门

　　戟门是西安孔庙第二重院落之中的主要建筑，它采用的是我国古代建筑中最基本、最常见的歇山顶式建筑形式。其屋顶为歇山式单檐九脊顶，有一条正脊、四条垂脊和四条戗脊。在屋顶上部的正脊和两条垂脊间形成一个三角形的垂直区域，称为山花。在山花之下是梯形的屋面，将正脊两端的屋顶覆盖。戗脊在整个屋顶中最显柔美、流畅，其上从前至后一般依次装饰有仙人、龙、凤、狮子和马等走兽。走兽的数目依建筑物的大小和等级而定。明清时期规定，戗脊上走兽最多为11个，最少为3个，最前面放置骑鹤仙人，然后依次为龙、凤、狮子、麒麟、獬豸、天马等。

　　戟门的屋顶上覆盖有绿色琉璃筒瓦，主体建筑以朱红色粉饰。在蓝天白云的映衬之下，绿瓦红墙形成鲜明对比——热烈的红色和冷艳的绿色，显得鲜艳夺目、简洁明快，不仅体现出建筑的特殊等级，也彰显了戟门的庄重肃穆、古朴典雅。

　　戟门面开三间，中间为大门，两侧为配室，配室边再开一边门。三门中，大门最大，边门次之。在古代，戟门平时都是关闭的，两扇边门只有春、秋祭祀时才能打开，中门则只有考中状元的人去祭拜孔子时，才可获准打开通行。

古代建筑　·　33　·

# 御碑亭

清康熙至乾隆年间，朝廷曾出动大军与西北地区的一些分裂势力作战。每平定一处，皇帝就亲书庆功碑一通。由于是当朝皇帝的御碑，所以专门修建碑亭予

中轴线西侧的御碑亭

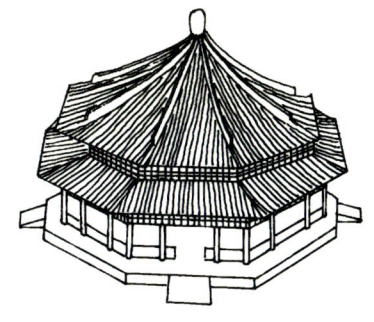

四角攒尖顶式建筑　　　　　　　　　八角攒尖顶式建筑

以保护。这些碑亭就立于如今的西安孔庙内。

西安孔庙内现有碑亭七座。其中一座位于戟门前东侧，其余六座位于戟门和大成殿之间，于东西两庑之前各三个相互对称而立。亭内碑石为：东庑前由北向南依次为康熙四十一年（1702）刻《御制训饬士子文》、雍正三年（1725）刻《御制平定青海告成太学碑》、乾隆二十年（1755）刻《御制平定准噶尔告成太学碑》；西庑前由北向南依次为康熙四十三年（1704）刻《御制平定朔漠告成太学碑》、乾隆十四年（1749）刻《御制平定金川告成太学碑》、乾隆二十四年（1759）刻《御制平定回部告成太学碑》。戟门前东侧碑亭内，则为乾隆四十一年（1776）刻《御制平定大小金川告成太学碑》。其中，康熙书写的《御制训饬士子文》是一方汉文碑石，其他六座碑亭里的均为由满汉两种文字对照书写的碑石。

七座碑亭的建筑结构基本一致，都是八角攒尖顶，顶上覆有黄色琉璃筒瓦。攒尖式屋顶没有正脊，只有垂脊。垂脊的多少根据实际建筑需要而定，一般以双数居多，如有四条脊的、六条脊的、八条脊的，分别称为四角攒尖顶、六角攒尖顶、八角攒尖顶等。屋顶的琉璃瓦为黄色，是因为在清雍正时，皇帝特准孔庙可以全部使用黄色琉璃瓦，以表示对儒学的独尊。

在东侧碑亭的北边，立有刻于明成化十一年（1475），由商辂撰文、项忠书写的《重修西安府学文庙记》碑。碑文记述明成化九年（1473）陕西巡抚马文升、西安知府孙仁整修孔庙、碑林之事，是关于明代重修府学和文庙的史实记录。碑刻上载："殿后汉唐石刻之属，旧覆亭宇，咸增新之，饰以丹漆，加以藻绘，高卑大小举以法，无复昔时之陋。"

在西侧碑亭的北边，立有刻于元皇庆二年（1313）的《皇元加圣号诏》碑，《清册》称之为《皇元孔圣碑记》。碑石螭首龟趺，高441厘米、宽135厘米。碑额题写"皇元加圣号诏"，篆书。碑阳上半部分刻大德十一年（1307）元武宗即位后加封孔子为"大成至圣文宣王"之诏文，楷书；下半部分刻皇庆二年赵世延跋文，楷书。诏文书者不详。作跋者赵世延（1260—1336）为元代名臣，字子敬，雍古（汪古）部人，来自景教世家，时任陕西诸道行御史台侍御史。跋文楷书应该是其书迹。碑阴有明代文人题刻两种，上半部分刻诗4行，隶书。文曰："春风杨柳，夏午槐阴，秋月梧桐，冬雪梅花。"另外，碑阴下半部分左下角线刻寿星图，有题曰"南极之精，东华之英，寿我邦家，亿万斯龄"，隶书，无署名、年款，仅有刻工题名"张尚德刻"。

御碑亭旁的东西两庑，原是用来祭祀孔子七十二弟子的地方。它建于明代，为硬山顶式建筑，前有走廊，东西各三十间，属于孔庙的基本建筑。新中国成立后，两庑改建为陈列室。

御碑亭

西安孔庙东庑

《皇元加圣号诏》碑

《重修西安府学文庙记》碑

# 大成殿

作为孔庙正殿的大成殿，是孔庙的核心建筑，也是我国古代宫殿建筑之精华。《孟子·万章章句下》曰："孔子之谓集大成。集大成也者，金声而玉振之也。金声也者，始条理也；玉振之也者，终条理也。"古乐一变为一成，九变而乐终，至九成完成，称为大成。这里的大成指孔子能集古今之大成，即将前人的主张、学说等经过归纳、整理，从而形成自己完整的思想体系。因此，孔子被尊为"大成至圣先师"。大成殿在唐代时被称为文宣王殿。宋徽宗赵佶取《孟子》的语义，尊孔子为"集古圣先贤之大成者"，而下诏改其名为"大成殿"。

自唐代以来，各地孔庙均以山东曲阜孔庙建筑群为基本模式，所有建筑格局都不能超过其建筑式样，且礼制必须低于曲阜孔庙。曲阜孔庙作为孔子家庙，享有孔庙礼制的最高规格——九进院落。其内大成殿面阔九间，重檐歇山式屋顶，覆黄色琉璃瓦，配龙柱、角楼、汉白玉栏杆等。而对于府、州、县一级的孔庙大成殿，其开间一般不会超过七间。府孔庙的盖瓦为琉璃瓦，县孔庙为琉璃瓦或者青筒瓦。建筑式样通常为重檐歇山式、单檐歇山式，也有为数不多的重檐庑殿式和硬山式。所以，孔庙大成殿的建筑规模和形制，依据孔庙的规格要求、地方的经济实力和地方官员对儒家文化的重视程度，在一定范围内有所不同。

西安孔庙大成殿建于明代，位于《石台孝经》碑亭前。令人十分惋惜的是，这间大成殿在 1959 年 9 月 15 日的一场雷火之中被毁。这是西安孔庙在建筑方面的最大损失。如今，我们只能从《重修西安府学文庙记》《西安府重修学庙之碑》

1954 年西安孔庙大成殿雪景

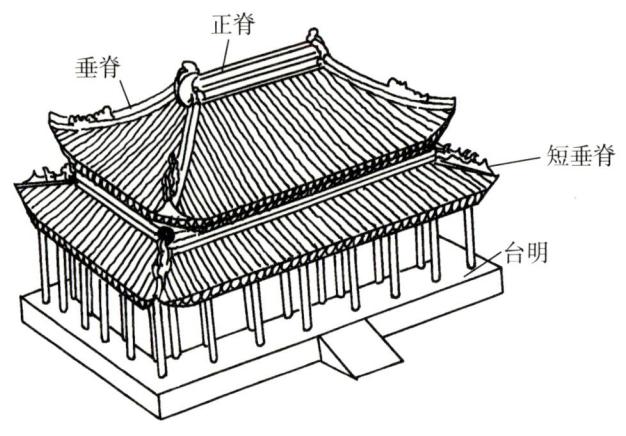

正脊

垂脊

短垂脊

台明

重檐庑殿式建筑

《重修文庙碑记》等碑刻及老照片中窥其一二。西安碑林收藏的明成化十一年
（1475）刻《重修西安府学文庙记》记载，"大成殿七间，崇四丈有五，深五丈，
袤九丈有二。两庑各三十间，崇深视殿半之，袤且数倍"。崇祯九年（1636）刻
《重修文庙碑记》记载："其殿七楹，东西庑各十九楹，启圣三楹。"另外，嘉靖
十一年（1532）刻《西安府重修学庙之碑》记述嘉靖九年（1530）整修文庙时，
大成殿"覆瓦易以琉璃，阶陛围以石槛，两庑与戟门、棂星，更用新木，改以石
柱"。西安孔庙大成殿是一座重檐庑殿式建筑，说明其等级之高。殿顶覆琉璃瓦，
殿前有一大型露台，四周有栏杆，南、东、西三面有踏步，南面正中有云龙纹图
案石雕。

20世纪70年代，大成殿高高的台基和殿基被拆除，辟为碑林广场。2004年，
西安碑林博物馆在原大成殿遗址上用青石铺地，并在原大成殿的柱基上做了明显
的标记，可以使人们清楚地了解到当年大成殿的基址位置。

# ‖《石台孝经》碑亭

　　《石台孝经》碑亭是西安碑林博物馆的标志性建筑物，在整个建筑群中轴线的聚焦点上，其高大华丽的外表引人瞩目。碑亭下是刻于唐天宝四载（745）唐玄宗李隆基御书的被誉为碑石之林中"迎客第一碑"的《石台孝经》。所以，人们将这座碑亭称为《石台孝经》碑亭。

《石台孝经》碑亭

自碑林迁至现址以来，《石台孝经》一直覆有碑亭，并位于碑林建筑群的中心位置。金正隆五年（1160）刻《重修碑院七贤堂记》称碑林为"碑院"，碑文中还写道："宣圣殿后，旧有玄宗序注孝经石台并文宗群经碑院一区。"元至元十三年（1276）刻《大元国京兆府重修宣圣庙记》载："石台孝经，唐明皇之御书也，为之起楼以贮□。"清康熙五十九年（1720）刻《重修碑亭碑记》中叙述了整修碑林建筑的情况，称《石台孝经》碑亭为"孝经楼"，而《雍州金石记》称其为"孝经台"，毕沅称其为"石台孝经"。1937年，民国陕西省政府耗资约七万元，对碑林进行了整修。《石台孝经》碑亭照旧翻新，建为重檐四角攒尖式建筑，并将地面挖低，使三层台基全部显露出来，立柱之间改为栏杆。当时称其为第一陈列室。《石台孝经》碑亭的建筑形式一直沿用至今。

　　饶有历史意味的是，《石台孝经》碑亭匾额上的两个熠熠生辉的金色大字——碑林，是由清代民族英雄、爱国将领林则徐亲笔题写的。林则徐是中国近代杰出的政治家和"睁眼看世界的第一人"，他从政四十多年，历官达十四省之多，一生跌宕起伏。他曾在1827年、1842年和1845年三次来到陕西，两次担任陕西按察使、陕西巡抚等职，一次因流放新疆而路过西安留居。林则徐爱国爱民、廉洁奉公、办事认真，在陕西任职将近两年的时间里，兴修水利、发展国防……在许多方面取得了显著成绩。1842年，林则徐虎门销烟被革职后，在奔赴新疆任职途中，路经西安时，写下一首非常著名的《赴戍登程口占示家人》。

《石台孝经》碑亭匾额"碑林"

碑亭内的《石台孝经》

诗中写道："苟利国家生死以，岂因祸福避趋之。""碑林"二字正是林则徐在流放新疆途中游览碑林时书写的。他的书法秀劲挺拔、刚正雄健、别具一格，可见其功底深厚。

　　细心的人会发现，《石台孝经》碑亭匾额上的"碑"字少了一撇。这总会给人带来无限的遐想，似乎是林则徐因被罢官而心生烦恼，所以将这酷似"乌纱帽"的一撇隐去不写。其实，自古以来，"碑"字就是这种无撇的写法，有撇的很少。宋代雕版印刷开始之后，文字逐步规范化，"碑"字从此带上了一撇，而现在的"碑"字已是规范化的汉字了。

# 《孔子像》碑

　　《孔子像》碑刻于清雍正十二年（1734）。碑石圆首方座，高 293 厘米、宽114 厘米。碑额题"至圣先师像"，篆书。图为阴线刻，刻孔子半身像，像旁题款为"雍正甲寅九月望日和硕果亲王"。款下刻印文，印文为汉文与满文两种文字，汉文在前，满文在后，汉文为"和硕果亲王之宝"。这尊孔子像，头戴高冠，浓眉长须，特别是额头上的三道皱纹更增添了孔子的慈祥仁和与温文尔雅，完全是"至圣先师"的帝王形象。

　　孔子时代没有画像，后代的孔子画像也不尽相同，关于其相貌特征的文献记载仅有只言片语。《史记》说，孔子出生时头顶长得奇怪，中间平，四周高，好像山丘一样，所以，孔子的父亲就给他起了一个"丘"的名字。根据《史记》的记载，孔子周游列国时，在郑国和弟子们走失。郑人对到处寻找孔子的子贡说："东门有人，其颡似尧，其项类皋陶，其肩类子产，然自要（腰）以下不及禹三寸，累累若丧家之狗。"郑人对孔子的描述中，除了子产是当时人外，尧、禹和皋陶都是远古之人，不然他们长什么样，郑人也不可能熟悉，除非是神像。如此看来，孔子的形象有些不伦不类，既像当代的伟人子产，又像传说中的帝王英雄。孔子在和弟子们走失之后，又失魂落魄如"丧家之狗"，惶惶恐恐，六神无主。可见，在孔子的时代里，人们就已经把他和神一类的传说人物相提并论了。不过，孔子对于郑人的描述并不怎么生气，反而很高兴地说：说我相貌如何如何，那是次要的，而说我像一条丧家之狗，真是说得很对。《论语》里还说孔子这个人"温

孔子像

而厉，威而不猛，恭而安"。是说孔子虽然温和但却严厉，虽然威严却不凶狠，谦虚而又安详。另外，司马迁还说孔子"长九尺有六寸，人皆谓之长人"。按照出土的西汉尺子的长度，一尺等于现在的 23 厘米左右。"长九尺六寸"，就是说孔子有 2.2 米高，确可谓"长人"。据说，最早的孔子像由曾子画成。而后人所绘孔子像，皆是在此像的基础上演化而来的。

西安碑林的《孔子像》碑为爱新觉罗·允礼送达赖喇嘛回西藏，路经西安时，在碑林所立。爱新觉罗·允礼是清康熙皇帝的第十七个儿子、雍正皇帝的异母弟，雍正六年（1728）时被晋封为果亲王。他在康熙年间曾经主管"中正殿"，负责宫内喇嘛念经和办造佛像等事务。雍正年间，他掌管理藩院，主要负责民族等事务。雍正十二年（1734），果亲王奉旨赴泰宁，代表朝廷主持七世达赖喇嘛坐床（继位执政）大典，以及"送达赖喇嘛还西藏，循途巡阅诸省驻防及绿营兵"。果亲王经川入藏，不仅圆满完成了主持七世达赖喇嘛继位大典的任务，还加强了清中央与西藏地方的联系，增进了民族间的团结和睦。

西安碑林博物馆共收藏果亲王的八方刻石，除线刻画《孔子像》及《程夫子所好何学论》《弘文宣化》两方楷书碑石外，其余皆为行草。果亲王行草出于法帖，远宗"二王"，近取米芾和董其昌。其书法点画饱满圆润，气息平和从容，体态舒展，气韵挺然，颇得帖学轻松活泼之趣和书卷气息。此像说明果亲王允礼不但善书，而且善画。

# 孔庙礼器

　　虽然西安孔庙的祭孔大殿——大成殿已化为历史云烟，但大殿内的圣儒先哲像及祭孔时用的礼乐祭器，都有幸保存在西安碑林博物馆内。

　　历朝历代祭祀孔子，都有一套严格而完整的礼仪，礼器则是其中不可或缺的用具。它们为祭祀孔子而配备，亦是其身份、地位的标志。西安孔庙保存的礼器为青铜器，多是仿照商周青铜祭器而制。其种类较多，祭器主要有铏、簋、爵、豆、尊等，乐器有铜钟、石磬等。

　　铏鼎，古代盛放羹的器皿。《仪礼·公食大夫礼》载："宰夫设铏四于豆西。"郑

西安孔庙藏部分礼器

铜罍

铜壶

铜灯

铜豆

铜爵

铜钟

铜牛尊

石磬

铜簋

铜铡鼎

铜勺

玄注："铏，菜和羹之器。"疏："据羹在铏言之、谓之铏羹，据器言之，谓之铏鼎。"在这里，郑玄明确指出，铏是礼仪中盛放菜和羹用的器具。西安孔庙藏铜铏，为清代祭孔礼器之一，通高 17.0～20.8 厘米，口径 18.0～18.4 厘米，底径 14.0～15.0 厘米，圆口，平底，上宽下窄，两耳三矮足，盖似覆盘状，有子母口，腹饰兽面纹，器物款识有"雍正二年冬月/太保年公/捐造"等字样。

簋，商周时期祭祀、宴飨的重要礼器，用来盛放饭食。西周时期，祭祀和宴飨时，铜簋以偶数组合，并与以奇数组合的列鼎配合使用。西安孔庙藏铜簋为清代之物，通高 17.8～20.0 厘米，腹围 54.8～56.0 厘米，口径 17.8～18.2 厘米，圆形，斜直（浅）腹，盖饰有兽面纹、云雷纹等。簋既有圆形平底足、三矮足，也有四矮足。部分器物有款识，为"雍正"等字样。

爵，古代酒器，用于饮酒，盛行于商代和西周初期。西安孔庙藏铜爵，通高 13.0～16.5 厘米，流至尾长 13.8～16.5 厘米，流宽 4.7 厘米，圆尾，方长流，流口呈半圆形，两柱，柱盖有云纹为装饰，腹部饰有祥云纹。

尊，古代酒器，形制较多，有的作圆形，有的作方形，亦盛行于商代和西周初期。西安孔庙藏铜尊，高 30.5～31.0 厘米，口径 15.5～15.7 厘米，圆形，鼓腹，竖颈侈口，圆足，两环形龙首耳，颈、腹部饰有夔纹、兽面纹、蝉纹等，无款识。

豆，古代食器，出现于新石器时代，盛行于春秋战国时期。豆也是重要的礼器，祭祀和飨宴时均用于盛食。西安孔庙藏铜豆，通高 16.5 厘米，口径 14.0 厘米，圆形平底承盘，浅腹，直口，平口沿外凸，腹部有纹饰，短柱状柄，中段有箍棱，款识分别有"雍正"或"道光"等字样。

作为祭祀用品，这些礼器虽然制造工艺精细，但艺术水平不高。我国商周时期的青铜器最为精美，不仅品种繁多、造型丰富，而且铸造工艺精湛、艺术风格古朴雄浑、纹饰华美繁变，达到了其后诸代不可企及的高峰，亦成为礼乐文明的重要象征。后世亦多模仿，但只模其形，难得其神。

西安孔庙收藏的这些礼器，自 1959 年大成殿焚毁之后，便深藏于库房之中，从未展示过。我们可以通过图片认识它们，感受一下"钟鸣鼎食"的祭孔气氛。

# 景云钟

西安孔庙戟门内两侧，有两件国宝级文物。其一是位于西侧的大夏石马，其二是位于东侧的有着一千三百多年历史的唐景云铜钟。

景云钟因铸造于唐睿宗景云二年（711）而得名。相传这一年，唐睿宗李旦巡游至周至，夜宿行宫，梦见霞光满天、祥云缭绕，以为吉兆，遂下令铸钟以志。

景云钟重 6 吨，口沿为六角弧形。钟顶端趴有一只神兽，名曰蒲牢。传说它是龙的九子之一，喜欢嘶鸣长叫，于是古人就将它铸造于钟钮之上。

整口钟分为上、中、下三段，每段又分六格，每格都铸造有不同的图案，有飞凤、走狮、祥云、仙鹤、独角牛、飞天等。钟上还均匀地分布有

景云钟

景云钟移入西安碑林现场老照片

32 枚圆形钟乳，十分对称，起着装饰和调节韵律的作用。钟身从上往下数第三格正中，铸刻着唐睿宗李旦亲自撰文并书写的骈体铭文，共 292 字，18 行，每行 17 字，空格 14 个，字体为稍参篆、隶的楷书。内容以宣扬道教教义为主，阐述了景龙观的来历、景云钟的制作过程，以及对钟的赞扬。李旦传世的书法作品极少，此段铭文为其中之一，故历来为研究书法史者所珍视。

此钟起初被悬挂在刚落成不久的唐景龙观（位于唐长安城崇仁坊西南隅，今西安下马陵一带）里的"行三重楼以凭观"的钟楼上，所以，这口钟也被称为"景龙观钟"。明洪武十七年（1384），在唐长安城钟楼旧址上建了一座钟楼，以保存这口富有神话色彩的景云钟，并用来报时。据说，每天撞击景云钟报时时，全城都能听到它清亮悦耳的钟声。万历十年（1582），扩建西安城，将钟楼迁往今天西安钟楼的位置。据负责迁移钟楼任务的陕西巡抚龚懋贤所撰《钟楼东迁歌》碑记载，当钟楼移建工程完结，把景云钟搬来，悬挂起来之时，这钟却怎么也敲不响，只好又把它送回原处。民国初年，景云钟曾在西安亮宝楼展出，后长期存

景云钟

景云钟铭文

## 附：景云钟铭文

　　原夫一气凝真，含紫虚而构极；三清韫秘，控碧落而崇因。虽大道无为，济物归于善贷；而妙门有教，灭咎在于希声。景龙观者，中宗孝和皇帝之所造也。曾城写质，阆苑图形。但名在骞林，而韵停钟簴。朕翘情八素，缔想九玄，命彼鼓延，铸斯无射。考虞倕之懿法，得晋旷之宏规。广召鲸工，远征凫匠，耶溪集宝，丽壑收珍。警风雨之辰，节昏明之候。飞廉扇炭，屏翳营炉，翥鹤呈姿，蹲熊发状。角而不震，侈而克扬，庶其晓散灵音，镇入鹓鸾之殿；夕腾仙韵，恒流鸡鹊之闱。聋俗听而咸痊，迷方闻而永悟。洪钧式启，宝字攸镌。其铭曰：紫宸御历，青元树因。倾岩集宝，竭府收珍。杜夔律应，张永规陈。形包九乳，仪超万钧。上资七庙，傍延兆人。风严韵急，霜重音新。自兹千岁，从今亿春。悬玉京而荐福，侣铜史而司辰。景云二年，太岁辛亥，金九月癸酉金朔，一十五日丁亥土铸成。

放于此，供人观赏。抗日战争爆发后，民国政府将景云钟拆卸外运，埋于乡下避难。中华人民共和国成立后，中央人民政府才将景云钟迎回古城，于1953年移入西安碑林，建亭保存景云钟。

1964年在日本举办的世界名钟大赛中，景云钟凭外形和声音取得了第二名的佳绩。中央人民广播电台还对景云钟钟声进行录音，于每年除夕之夜作为辞旧迎新的"新年钟声"进行播放，一直沿用至今。2000年年底，国家邮政局发行的第一套《中国古钟》纪念邮票中，就选用了景云钟。

# 秦王府铜狮

　　西安碑林博物馆新石刻艺术馆大门前，一左一右蹲坐着两只大铜狮，左为雄狮，右为雌狮。它们低垂双耳，龇牙咧嘴，歪着脑袋注视着过往游客，神情中少了几分令人望而生畏的威猛，倒多了一丝憨态可掬的可爱。它们灰蓝色的身体泛着青幽的光泽，那是青铜经过岁月的沉淀后，散发出来的独特的幽光。与西安碑林收藏的大大小小的石狮不同，它们是一对由青铜铸造而成的蹲狮。两只铜狮高110厘米，宽62厘米，身长126厘米。它们的造型、姿态看似对称，在细节上却略有区别。雌狮的左前爪和右后爪各轻按一只小狮，雄狮则将右前爪抬起，置于铜绣球之上。它们的背部均铸有"嘉靖通宝"钱纹，胸前铸有内容相同的铭文两段，其中一段确凿地记录下它们的身份，即"大明嘉靖三十八年十月吉日秦府内典"。也就是说，这是一对原属明秦王府的遗物，铸造年代为嘉靖三十八年，即1559年。

　　明秦王府，是为号称"天下第一藩封"的秦王朱樉所建的王府。明洪武二年（1369）三月，也就是朱元璋于应天府称帝的第二个年头，大将军徐达率领北伐大军攻占了元大都后，继续引兵向西，渡过黄河，攻占关中，进入这座在历史长河中已褪去昔日光芒的古都，并改奉元城为西安府，使"西安"这个名字首次出现于史册。对于刚刚兴起的大明王朝来说，西安府无疑是西北最为重要的中心城市与军事重镇。于是，洪武三年（1370），朱元璋分封子孙们到各军政要冲担任藩王时，特地将次子朱樉封为秦王，派驻西安府，镇守西北边防。朱樉作为藩王

秦王府铜狮之雌狮

秦王府铜狮之雄狮

之首，有了"天下第一藩封"之称。

　　然而，当时的宋元旧城狭窄局促，已经难以容纳庞大的驻军、官署、藩王府邸及百姓宅邸等诸般设施，兴建秦王府和扩建西安城成为当务之急。这一浩大的工程，从洪武四年（1371）动工一直持续到洪武十一年（1378）朱樉到西安就藩，并且从王府的选址到西安城的设计规划都遵循了朱元璋的要求，使扩建后的西安城面积比宋元旧城增加了一倍多。秦王府的格局更是肃穆规整，其建筑庄严华美、园林景致如画，与西安城一起形成了"城中之城"的重城格局。当时，分封于北京的燕王，与秦王同为"塞王"，手握重兵，而其府城占地规模远远小于秦王府城。就算与明代都城南京的宫城相比，秦王府也毫不逊色。

　　据地方志载，在秦王府南大门内有一座小广场，其北端立有一座飞檐反宇、施青绿点金彩绘的牌坊，坊前雄踞着两只高丈许的眦目端坐、威风凛凛的铜狮。它们应该就是现藏于西安碑林的这一对铜狮。

　　1643年年底，李自成率领农民起义军攻占西安，俘虏了第十一代秦王朱存枢，结束了秦王府在陕西近二百七十年的统治，且在秦王府建立了大顺农民政权。1645年，清人入陕后，毁坏了秦王府内的所有建筑，拆除了东、西、南三门，秦王府变成了八旗军练军习武的教场。雍正元年（1723），西安都城隍庙毁于火灾，当时担任川陕总督的年羹尧拆除了明秦王府，用其木料、砖石对城隍庙进行重修，并将秦王府的大铜狮子移至城隍庙内放置。1942年，西安城隍庙惨遭日本飞机轰炸，其山门、二殿、寝宫、藏经楼、玉皇阁遭到不同程度的毁坏。直至20世纪60年代，铜狮才被移入西安碑林收藏。很长一段时间里，铜狮被放置于碑林东大门外，2006年被移入馆内。当新的石刻艺术馆落成后，它们又有了新的安身之所。

　　这一对曾经置身于王府内的铜狮，在数百年的时光流转中，经历了朝代更迭，劫后余生，如今终于能安然地蹲坐于西安碑林幽静的庭院中，接受游客们的注目和欣赏了。

# 碑林外景·三学街

    在西安碑林附近，有三条南北走向的小巷，自东向西依次是咸宁学巷、府学巷和长安学巷。今天，人们将与这三条街巷南口相接的一条街道称为"三学街"。三学街呈东西走向，东起柏树林南口，西至安居巷南口，显而易见南城墙。

    明清以来几百年，西安府是以咸宁县和长安县东西分治的。其大体以钟楼及南大街与北大街一线为界，东为咸宁，西为长安。西安府学是西安府所立之学校，在今之西安碑林博物馆一带（自宋代就迁于此），遂有府学巷。明成化七年（1471），陕西巡抚马文升认为，"以附郭长安、咸宁二学僻从县治，去庙甚远，师生朔望艰于行礼"，决定将咸宁县学迁到孔庙的东侧、长安县学迁到府学的西侧，于是形成了"一庙三学"的格局。咸宁县学在府学巷以东，得巷名为咸宁学巷；长安县学在府学巷以西，得巷名为长安学巷。西安府学、咸宁县学、长安县学三学并列，其所驻之巷同抵之街曰"三学街"。此即"三学街"名称的由来。

    府学巷，是宋代西安府学所在地，清代设府学署。相传

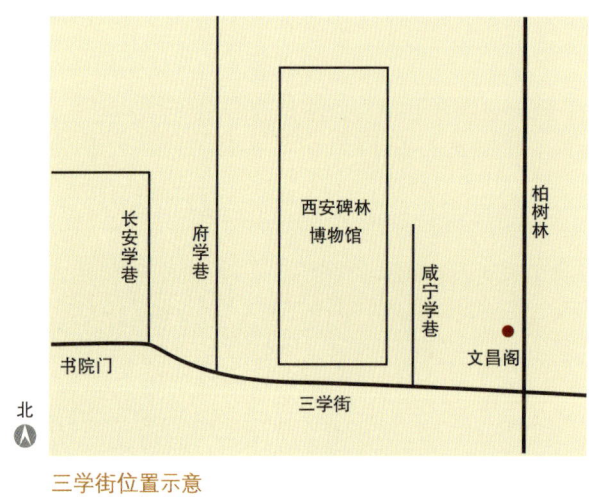

三学街位置示意

西安碑林外的三学街

长安学巷

府学巷

咸宁学巷

　　清乾隆年间，段家祥开设的"翰墨堂"久负盛名。段家世居碑林之侧，以拓售字帖为业，在金石学界名声鹊起，学者名流往来如梭。1924 年，鲁迅先生临陕，也曾到此地购过碑帖。

　　咸宁学巷在清代建有崇圣祠和文昌宫，但在民国时先后倾圮，现仅存奎星阁一座。原来的崇圣祠就在现碑林区少年宫的位置。奎星阁，又名奎文阁、奎文塔，与位于三学街南面文昌门上的魁星楼遥相呼应。传说明万历年间，一年一度的乡试张榜，咸宁县学竟无一人考中，而西隔壁不远的长安县学的"升学率"则颇高。

西安市碑林区少年宫（原崇圣祠所在地）　魁星楼

作为平级同僚的咸宁县令十分着急，为了培植文脉，他命人在县学"巽维"（东南方）建造魁星楼，在县学东侧建奎星阁，专门供奉魁星神像，以祈求改变"榜上无名"的局面。今日奎星阁仍在原址，只是被各种建筑团团围住，难以一睹真容。

　　作为西安府城的文化和教育中心，由西安孔庙、西安府学、咸宁县学、长安县学构成的"一庙三学"的建筑格局，在清末科举制度废除之后，遭到废弃，建筑亦荡然无存，唯有这街巷之名流传下来。如今，三学街街道两旁古槐林立，与周围古城砖瓦交相掩映，颇为清新雅致，与孔庙与碑林一道构成西安最具文化特色的区域。

石刻艺术

石刻艺术是造型艺术中的一个重要门类。由于石材具有坚固性和耐久性，所以在古代被广泛运用。古代的艺术家和匠师们根据不同的主题和功能需要，使用圆雕、浮雕、透雕、平雕、线刻等技法，创造了许多风格各异的石刻艺术品。

　　西安碑林收藏的石刻艺术品主要是新中国成立以来，由当时的陕西省博物馆（今西安碑林博物馆前身）陆续入藏的，藏品包括汉唐至明清各时期的石刻艺术品。这些艺术珍品逐渐形成西安碑林的一个新的藏品门类，并与碑林原藏的历代碑刻相映生辉，焕发着多彩的艺术光芒。1962年，在碑林西侧新建的石刻艺术馆落成开放，陈毅元帅题写馆名"西安石刻艺术室"，主要陈列东汉画像石、陵墓石刻和佛教造像等。2010年，碑林东侧的新石刻馆建成，以"长安佛韵"为专题，陈列展出佛教造像。同时，老石刻馆经过陈列调整，以陈列陵墓石刻为主。从此，新、老石刻馆与孔庙、碑林一起形成一轴两翼的格局。

　　西安碑林所收藏的石刻艺术品题材丰富、数量众多。有形象生动、神秘壮观的东汉画像石，它们展现了粗犷质朴又充满生命力的汉代人文精神；有气势恢宏、博大雄浑的陵墓石刻，它们历经了西风残照，仪卫着墓主陵阙；有妙相庄严、慈悲自在的佛教造像，它们展示了神秘的佛国世界；有生动活泼、造型各异的拴马桩，它们形象生动地展现了陕西的民间艺术；等等。这些时代不同、各具风采的艺术品，构成了一幅历史时空中蔚为壮观的石刻艺术立体长卷。

# 陕北汉画像石

参观文物古迹和博物馆的时候，我们经常会在墓室或者祠堂里看到一些在石板上磨刻的图画。这些图画，或描绘现实生活中人们耕种、劳作的场景，或讲述一段神话传说、历史故事、墓主平生经历等，也有一些单纯的装饰图样，看来十分生动有趣，又神秘莫测。这些刻在石头上的画卷，就是历史学家和考古学家口中常说的画像石。

画像石这一古代特有的艺术形式，主要出现并流行于汉代，特别是在东汉时十分盛行。那时候，社会、经济稳定，人民安居乐业，于是厚葬之风在帝王家及经济上富有的民众间盛行起来。他们聘请能工巧匠，根据建筑和墓葬功能的需要，先是将石板打磨平整，然后画师在打制好的石板平面上绘出线勾的图画底稿，再由工匠按画稿以浅浮雕、减地平雕及线刻的方式，以刀代笔雕刻出各种图画，最后由画工施以彩绘，有的还在上面凿刻铭文。

在我国，画像石大致主要分布在以下四个区域：一是山东、苏北、皖北地区；二是河南南阳、鄂北地区；三是四川地区；四是陕北、晋西北地区。前三个区域都是经济、文化发达的地区，而陕北、晋西北地区在东汉顺帝以前是北方边防重地，其中心绥德又位于通往西域的贸易通道上。

陕北画像石的年代多属东汉中期，数量以绥德最多，米脂、榆林为其次。地处黄土高原的陕北，秦属上郡，为军事要冲。秦始皇时曾遣大将军蒙恬驻守于此，修筑长城。至东汉时，汉和帝大破北匈奴，因此这里相对稳定，社会经济发展很快，加之东汉时厚葬盛行，陕北地区又盛产沙石——这些都为画像石在陕北地区的广泛流行提供了社会基础和物质条件。陕北汉画像石以墓葬出土为主，主要用于墓室的横梁、立柱、墓门等处，既有加固墓葬结构的功能，又有装饰墓室的作用。

陕北汉画像石的题材主要为农作、牧业和狩猎，而富贵生活题材和神话题材较少，历史题材更少。表现现实生活的有车马出行、宴饮、牛耕、喂马、舞蹈、狩猎、六博、击技等场面，多角度、多层次地反映了当时的社会生活、风土民情，展现了该地区浓郁的生活气息和人们对大自然的征服力。表现神话题材的有西王母、东王公、伏羲、女娲等众多神祇，展现了当时人们对远古祖先的崇拜，祈盼神灵的护佑，希望能够在另一个世界继续享受荣华富贵的思想。表现历史故事题材的有荆轲刺秦王、完璧归赵、孔子见老子等，以宣扬儒家伦理、垂训后世为主，反映了汉代人对先哲的景仰。装饰纹样也是陕北汉画像石中常见的题材之一，多作为辅助装饰在主题纹饰的边侧、四周，有的甚至成为主体纹饰。这些纹饰多为蔓草纹、流云纹、绶带穿璧纹、锯齿纹等。它们连续性强，流畅华美，装饰效果强烈。此外，有的陕北汉画像石上还刻有铭文，这属于中国古代碑刻的范畴，对判定墓葬的主人、时代及辨识图像的内容，有着重要的作用。

陕北汉画像石刻画技法洗练、造型生动夸张、线条畅达飞动、风格粗犷质朴，充满了黄土高原的野性与豪放，反映了这里的风土民情，具有鲜明的地方特色，为研究汉代社会生活提供了重要的考古依据。

西安碑林博物馆收藏的陕北汉画像石有一百五十多块，主要来自20世纪50年代以来的考古发掘，以及民间征集和捐赠所得，故而西安碑林成为陕北汉画像石的重要收藏地之一。

# 郭稚文铭文画像石

  《郭稚文铭文画像石》共两块，1957 年征集于榆林市绥德县五里店。两块画像石分别为墓门的左、右立柱石。左立柱石纵长 150 厘米、横长 37 厘米，右立柱石纵长 145 厘米、横长 37 厘米，左、右立柱石图像外围均留有边框。

  该画像石图像由减地平面阳刻而成，分上下两层。上层又竖分两栏，外栏为缠枝蔓草纹，内栏为阳文题记。左立柱刻"圜阳西乡榆里郭稚文万岁室宅"，右立柱刻"永元十五年三月十九日造作居"，均为篆书。其书法规整，且颇有装饰意味。下层靠外侧立有一树，树下放置一件类似马槽的器具，旁站一马，头微扬。两块立柱石上的图案一样，且左右对称。

  画像石上的铭文、榜题，为研究画像石提供了非常重要的信息。通过这些铭文、榜题，考古学家可以断定墓主人的身份、下葬时间、官职等。有的榜题还可帮助人们辨识画像的内容、人物等。陕北汉画像石中有铭文的较少，故显得十分珍贵。

  这件画像石左立柱题记中的"室宅"，指死者所处的地下墓室，类似于陕北、晋西北画像石题记中常见的"室舍""庐舍""府舍"等称谓。这表达了人们对死者最后归宿的关切，希冀墓室永远保存，使得死者的魂魄有所依附，不必沦落为孤魂野鬼。其实，这也反映了中国传统思想中"事死如事生"的丧葬观念，即按死者生时的地上建筑和生活方式营造地下墓室，希望其在冥界继续过着锦衣玉食、荣华富贵的生活。"圜阳西乡榆里"，应是"西河圜阳西乡榆里"的简称。汉代的基层行政区划为乡、亭、里。里是最小的行政划单位，其所辖单位具体到户。

郭稚文铭文画像石

郭稚文铭文画像石拓片

据史书记载，汉代的"一里"大概包括一百户，长官称为"里魁"，负责处理日常事务。此题记将墓主生前籍贯确切到了其所处的"榆里"，可知墓主来自于西河郡圜阳县的榆里。西河郡是两汉政府在北方设置的边郡之一，此处紧邻匈奴，属于汉朝与匈奴征战的主要战场之一。目前对汉代圜阳县的范围还不能确定，但是可以肯定今绥德县城周围属汉代圜阳县范围。

右立柱题记中的"永元"是东汉和帝的年号，"十五年"即 103 年，此时期正处于东汉中期。在这段时间里，西河、上郡一带，人们的生产、生活相对稳定。因此目前学界普遍认为，画像石开始在陕北流行就是在这一时期。

# 米脂官庄墓门画像石

　　1971 年，考古工作者在米脂官庄发掘了四座汉画像石墓。其中，四号墓前室后壁正中题"永初元年九月十六日牛文明千万岁室长利子孙"，其余三座墓的画像石风格与四号墓相似。考古工作者以此推断，这四座墓应都为东汉安帝永初元年（107）前后所刻。

　　西安碑林博物馆收藏的这件米脂官庄二号墓墓门画像石由横额，左、右立柱石，左、右门扉，共五块画像石组成。整块墓门采用减地平面浅浮雕加阴线刻制，再用墨线勾勒敷彩而成。

　　整块画像石刻工精细，画面丰满，造型生动，画风质朴。横额和左、右立柱石图像分内、外两栏。横额纵长 172 厘米，横长 192 厘米。横额外栏左端为着冠服的伏羲，蛇尾人身，呈蹲踞状，手捧日轮，日轮里为用墨线刻绘的神鸟金乌；右端为女娲，亦着冠服，与左端伏羲姿态相同，不同的是，其手捧月轮，里面为用墨线刻绘的蟾蜍。伏羲，亦称牺皇、伏戏，传说是人类的始祖，曾教民结网，从事渔猎畜牧，并创制八卦理论。女娲是伏羲的妹妹，曾炼五色石补天。传说人类是伏羲与女娲相婚而生的，因此画像石中出现的伏羲和女娲多以交尾形象出现。横额外栏中部为由如意云纹组成的"S"形纹饰，它横贯整个画面，其间点缀有天马、飞鸟、仙草、各种异兽及射鹿图。横额内栏中部为人兽格斗图，中间一人一手抓左边的兽尾，一手持斧，似乎正在与之搏斗。横额内栏左端一人手举盾牌，似正斗兽。右端一人手持弓箭，似欲射杀左边的怪兽。其身后有一兽，低头，双

米脂官庄墓门画像石（局部）

爪正压在他的后腿上，张口似欲咬之。横额内栏中部以飞鸟、仙草填白。

左、右门柱石内、外栏图像对称分布。内栏左、右门柱石各分上、中、下三栏。上栏：画面下端为一棵神山仙树，树上站一人正弯弓射鸟，头顶有三只鸟向横额飞去；中栏：为一侍立的舞女；下栏：左、右分别为攀爬的白虎和青龙。门柱石内、外栏在最下层合为一栏，左门柱刻绘一牛车，右门柱刻绘一马车。

左、右门扉均纵长114厘米，横长50厘米。左门扉画面分三部分，上部为一展翅欲飞的朱雀，顶翎为三叶草状；中部刻铺首衔环，兽首桃形角，双耳齐平，张口暴齿衔环，面部肌肉隆起；下部为一头抵边框的灰兕。右门扉的构图、内容与左侧一致，并与之对称分布。古代的门扉上多有铺首，有着装饰、威仪的作用。此门扉石上的铺面似狮虎，造型生动、威严。

米脂官庄二号墓墓门画像石表现了一个云雾缠绕、神兽出没的神仙世界。左、右立柱石下端的牛车、马车，应是墓主夫妇所乘坐的。他们乘坐牛车、马车在青龙、白虎的引导之下，由冥界（以地下墓室的左、右柱石底端象征）出发，越过阳间（以舞蹈、狩猎场面象征），正赶往神仙世界（以云纹、神兽、伏羲、女娲等象征）——这也是墓主死后灵魂飞升的最终归宿。

米脂官庄墓门画像石

# 铺首衔环四神墓门画像石

　　这件画像石 1951 年于绥德县义合镇后思家沟出土，是一套完整的汉墓画像石墓门组合。它由横额，左、右门柱石，左、右门扉，共五块画像石组成。

　　横额石长 180 厘米，宽 44 厘米。左、右门柱石均纵长 119 厘米，横长 34 厘米。横额与左、右门柱石上层的图案相同且连为一个整体，分外、中、内三栏：外栏为三重锯齿纹；中栏为"S"形纹；内栏为菱形重回纹。左、右门柱石最下层为龟蛇合体的玄武图。

　　左门扉石纵长 119 厘米，横长 51 厘米。画面分三部分。上部为面右展翅欲飞的朱雀。其两爪腾空，含丹，翘尾，顶翎长而后扬，以连续的曲线勾绘羽毛。中部刻铺首衔环。铺首兽头，"山"形独角，双耳，衔环暴齿，方颌，颌下垂须数根。下部为白虎图。虎面右，昂首翘尾，后足腾空，做飞奔状。白虎躯体及尾部用卷曲墨线表示斑纹。右门扉石纵长 118 厘米，横长 52 厘米。右门扉的构图、内容与左门扉一致，不同的是，其铺首衔环下为青龙。青龙翘尾，张口，吐芯瞠目，双翼舒展，一足翘起，做腾空状。青龙躯体上线刻垂鳞纹，双翅以横线刻绘斑纹。

　　铺首，是古代门上的饰物，其以兽首为原型，有威吓、辟邪的作用。衔环又方便开启。傅毅《舞赋》载，"龢帐袪而结组兮，铺首炳以焜煌"。这件画像石上的铺首略似人面，倒也温顺可爱。

　　除几何纹外，整个墓门图画的主体纹饰为由青龙、白虎、朱雀、玄武组成的"四神图"。四神又称四灵，是汉画像石中数量最多、最普遍的祥瑞题材。人们普

铺首衔环四神墓门画像石

铺首衔环四神墓门画像石之玄武图

遍认为，"祥瑞"是上天的使者，带来吉祥之兆，可以护佑人们生前安宁幸福，死后羽化成仙。于是，人们便把自己对幸福的期望转化为欢迎这些"特使"动物们的到来。祥瑞早在战国时已经出现，但两汉时最为盛行，特别是在西汉的武帝、宣帝时期及王莽新朝统治时期达到了高峰。到东汉时期，文献中所见祥瑞的范围再度扩大，各种奇异的事物均被视为祥瑞。同时，此时期的祥瑞不再由君王独享，它的使用范围渐渐扩大，人人都可借鼓吹各种祥瑞之名，向他人昭示自己的美好品德。这也反映出祥瑞崇拜在汉代人们思想、生活中的影响。

画像石中刻绘的四神，除具有冀其福、佑子孙，驱除邪恶，表达墓主升仙的寓意之外，还有表示方位的作用。青龙、朱雀、白虎、玄武四种动物，分别代表了东、南、西、北四个方位，在方位中具体排列为前朱雀、后玄武、左青龙、右白虎。其实，四神是中国天文学中一种重要的星座体系，与二十八星宿相重叠，代表四个赤道宫。这一体系在中国的历史长河中不断得到演进，后来还被赋予了不同的含义：或认为其与四季相对应，具有表示四时循环往复的作用；或因阴阳五行被纳入四方四时的循环当中，而成为阴阳五行的象征；或被赋予巫术性质，被视为人死后升天的引导者和拱卫者，具有驱邪镇鬼、厌除不祥的功能。

# 盘鼓舞画像石

这件画像石 1956 年于绥德县大坬梁出土，为一墓门横额石。它纵长 43 厘米，横长 187 厘米。画面分为内外两栏。外栏左右两端分刻日轮和月轮，其他部分遍刻卷云纹。内栏左端为两只凤凰，均面右，一只站立，一只做飞翔状；右端一人面左侧坐榻上，榻前置一盛器和三把铲形器，其前后各跪一人，他们双手抱于胸前，似在施礼。中部偏左表现的是械斗舞，偏右表现的是盘鼓舞。械斗舞画面由两舞者构成，一人持剑状物刺出，另一人持盾形物做抵挡状。械斗舞舞者与左边的两只凤凰之间立有一株嘉禾。在盘鼓舞画面中，一鼓悬挂上方，左右两边各一人站立于盘上鼓侧，脚踩五盘，踏盘而舞。舞者一手垂后，另一手高举鼓槌，身后拖一长至脚踝的尾巴。他们跳跃击鼓，体态夸张，动感强烈。盘鼓舞舞者人兽合体的形象，使人容易将他们与神仙世界联系起来，或与所谓"鼓舞祀神"相关。

盘鼓舞是汉代的著名舞蹈，常在宫廷宴乐或民间宴客时表演。作舞时，将盘鼓置于地上，舞者则随着节奏在盘鼓之上跳跃起舞。盘鼓舞中所用盘鼓的数量不等，但以七盘为名，故有"七盘舞"。《文选·舞赋》李善注云："般（盘）鼓之舞载籍无文，以诸赋言之，似舞人更递蹈之而舞。"盘鼓舞是画像石中常见的题材。

汉代是我国舞蹈艺术发展的一个重要时期。在这一时期，舞蹈表演成为上至宫廷下至平民，大家都喜闻乐见的一种娱乐方式。所以，我们在出土的汉代画像石上，常常看到表现舞蹈的画面。这些舞蹈画面题材广泛、内容丰富，既有表现

盘鼓舞画像石

现实生活场景的舞蹈场面，也有表现神秘虚幻的娱神舞蹈场面。这些舞蹈画面生动地记录了当时乐舞盛行的社会氛围，是乐舞表演成风的社会大环境的反映。它们艺术地体现了当时人们以世俗的功利心理，揣测虚无缥缈的神仙世界，并设法娱乐他们，以期盼福佑。这些画像石，为人们了解北地边郡一带官吏豪民日常乐舞娱乐及社会生活，提供了实物资料。

汉代社会处处弥漫着神仙世界的影子，神仙生活是汉代从帝王到普通民众都毕生追求的目标。这件画像石以表现舞蹈为主，但舞蹈图周围遍布象征仙界的嘉禾、凤凰等，说明此类舞蹈正在另一个世界表演。画面右端侧面端坐者应为墓主，其已升入仙界，在童仆的伴侍之下，正在欣赏舞乐。这亦表现了墓主生前乐舞升平的享乐生活。

盘鼓舞画像石（局部）

# 迎宾六博画像石

这件画像石 1956 年于绥德县园子沟征集，为一墓室横额（残）。其由平面减地浅浮雕加阴线刻制技法雕刻而成，纵长 40 厘米、横长 139 厘米。

这件横额石分内外两栏。外栏画面由云纹和珍禽异兽组成。内栏画面分左、中、右三部分。中间部分为一庑殿式双开间双层建筑，一层在内栏，二层则伸向外栏。建筑中间竖有凉棚，将该建筑分为两间，从而表现了墓主两种不同的生活场景。在内栏，右边的建筑里有两人（应为墓主夫妇）相向而坐，应在博弈。画面中置一案，案上置竹箸六根，右者一手取箸，左者一拳高举，似在向对方比画着什么。这一画面形象地再现了汉代六博的场景。六博为汉代流行的棋类游戏，共十二棋，六黑六白，两人相博，故名。唐李贤注引《楚辞》说"蔽象棋有六博"。与右间毗邻的左间内，同样有男女二人，他们盘腿屈膝，交手对坐，应是表现墓主内室的生活场面。左边的建筑外有一棵枯树，树干弯曲，树枝盘绕，树旁一人骑在羊上，紧靠其后的是一组正在等候主人的车马。右边建筑外有两个仆役，他们一人佩剑，一人牵马。伸向外栏的二层屋顶各站立一雄鸡。凉棚顶端左右两边分别悬挂着两只野鸡和一只兔子。由此我们可以推测，这件墓室门楣画像石，右边部分生动地展现了墓主宴飨宾客的场景，左边展现了墓主居家生活的情景。

迎宾六博画像石将墓主生前的生活图景刻绘于其死后的居所——墓葬之中，既是对墓主生前生活的写照，更重要的，也表达了他们对死后生活的一种期望。

迎宾六博画像石

迎宾六博画像石（局部）

不过，陕北汉画像石多以表现死后升仙题材为主，表现现实生活场景的内容相对较少。这件画像石反映出汉代丧葬习俗的治丧重点是以死后的生活为中心的，人们普遍希望死者在死后依然能过上与生前一样的生活。此图为我们勾勒了一幅丰富而生动的汉代生活家居图景。

# ║周穆王见西王母画像石

这件画像石 1955 年于绥德县军刘家沟征集，为一墓门横额，横长 168 厘米、纵长 38 厘米。

横额画面分为四栏。从外向内，第一栏刻双钩纹，第二栏刻"S"形纹，第三栏刻联璧纹，第四栏刻画的是整块画像石的主题内容。第四栏左右两端分别刻绘月亮和太阳，月亮中又阴刻玉兔与蟾蜍，太阳中又阴刻神鸟金乌。西王母戴胜正面端坐于左边。一手持便面（古代用来遮面的扇状物）者踞坐于其左侧，一仙

周穆王见西王母画像石

双手抱于胸前，蹲坐于其右侧，他们应是西王母的侍者。蹲坐侍者的后面应为西王母的从属。紧邻蹲坐侍者的是一肩生羽翼的鸡首人身者，其手持嘉禾正在跪拜西王母，跟随其后的是九尾狐、三足乌（金乌）和两只正在捣药的玉兔。画面中部为由玉兔击筑、蟾蜍舞蹈、斑豹抚瑟组成的乐舞场面。画面最右端为"周穆王见西王母"。周穆王是西周时期的一位君主，为周昭王之子，相传去过昆仑山，见过西王母。《穆天子传》卷三载，"吉日甲子，天子宾于西王母，乃执白圭玄璧以献西王母"。画面右端为一辆天轮云车，由三只凤鸟牵引。车上坐一人，头戴冠。车前有一羽人驭手而驾，应表现为周穆王驱车去见西王母的情境。1960年，山东嘉祥亦出土过类似构图的画像石。

由整个画面所呈现的内容来看，这件画像石表现了周穆王正乘坐云车前去面见西王母的过程。乐舞场面及向左的所有画面，均用来烘托西王母神仙世界一派歌舞升平、欢乐祥和的景象。

西王母是中国神话体系中一位十分重要的神灵，对她的崇拜最早在战国时期已经开始，至汉时达到顶峰。可以说，她是我国第一个在较大范围和较长时间内被人们普遍崇拜的神仙。据《山海经》记载，西王母最初是以一个居住在遥远西方的山洞内，头发蓬乱，以胜（古代妇女的一种首饰）装饰，长着老虎牙齿、豹

周穆王见西王母画像石（局部）

子尾部，且常常仰天长啸的半人半兽的形象出现的。到汉代，西王母则完全演化成慈祥、端庄的贵妇人形象。各地出土的画像石中出现的西王母形象，正是这一文化现象的物质表现。

西王母世界中的鸡首人身神祇及后期出现的牛首人身神祇，作为类似于西王母和东王公的对偶神，在一定时期成为陕北地区社会下层中最主要的信仰崇拜。这对对偶神在陕北画像石中的发展经历了一个逐渐演变的过程：从东汉早中期之交的鸟翅鸡首独立出现，到中期时鸡首、牛首成对出现，翅膀由鸟翅演化为对称的三道弧形翅，然后又发展成一道弧形翅。至东汉晚期时，鸡首、牛首逐渐世俗化，并开始身着长袍。鸡首、牛首形象的逐步演化，伴随着其在画像石构图中位置的逐步下移：横额—门柱石上端—门柱石下端，它们的神格形象也完成了由"西王母侍者—西王母替代者—门吏"的转变。鸡首、牛首遂成为画像石中常见的对偶神，成为陕北汉画像石中常见的题材图像。

# 孔子见老子画像石

这件画像石 1955 年于绥德县军刘家沟出土，为一墓门的右柱石，由减地平面线刻而成，纵长 88 厘米、横长 34 厘米。门柱石画面分内外两栏。外栏为双勾连纹。内栏上层刻"孔子见老子"的故事，二层为击技，三层为杂耍。内外栏下的横格处刻有双头兽和玄武。双头兽为神话传说中的蒙双氏。《搜神记》卷十四载："昔高阳氏，有同产而为夫妇，帝放之于崆峒之野，相抱而死，神鸟以不死草覆之，七年男女同体而生，二头四手足，是为蒙双氏。"汉代人视其为祥瑞。

"孔子见老子"的故事常常出现在我国古代的石刻艺术品中。西安碑林博物馆所藏的这件画像石上层的"孔子见老子"，具有一定的代表性，也是较为常见的一种表现形式。在画面中，两人躬身相互施礼。居左者双手抱于胸前，抬头面右站立，张口，似正与对面的站立者问好。居右者手持见面礼"鸷"（一种鸟），正弯腰向对方施礼。他们中间站一身材矮小、手推鸠车（古代的一种玩具）的小孩，他头向上扬，正在向居右者提问。推测他应是被后世尊为"圣公"的春秋时期鲁国的神童项橐，相传他七岁为孔子师。项橐与此故事无关，人们把他刻于此处，是表示孔子对老师的尊敬。二人头顶刻绘屋宇，表明他们正处于屋内。从老子微张的嘴、孔子手持见面礼及仰头直视孔子的项橐，可以看出画面表现的是两人见面之初彼此寒暄的场景。整个画面构图简洁、主题突出，仅保留了问礼过程中关键性的人物。

孔子一直想去拜见老子，请教他关于礼的学问。传说，孔子三十多岁时，南

孔子见老子画像石（局部）

宫敬叔帮他向鲁昭公要了一辆车、两匹马、一名童仆，并陪同他前往周都洛阳拜见老子。孔子见到老子，不耻下问，虚心向他请教礼的学问。孔子请教完就辞行而去，返回鲁都曲阜。回来后，孔子立即把老子的理论传授给众弟子，弟子们的学问从此大有长进。

"孔子见老子"的故事广为传诵，孔子亦成为"谦虚好学，不耻下问"的典范，在我国文化史中广为流传。孔子首创私人讲学风气，主张"因材施教""有教无类""学而不厌，诲人不倦"。他一生的主要言行，经其弟子和再传弟子整理编成《论语》一书，成为儒家学派传世的经典。自西汉以后，孔子学说成为两千余年封建社会的文化正统，影响极其深远。老子是春秋时期的哲学家和思想家，是道家学派的创始人，被唐人奉为"太上老君"。其主要思想是"无为而治"，通过"谦下""不争""无为"这样的方法，最后达到"无为而无不为"的目的。他的学说由战国时期的道家学派整理成《道德经》而流传至今。

陕北汉画像石中之所以会出现以老子、孔子等圣贤为代表的政治人物，与其地处边陲、偏向于建功立业，以及墓主以圣贤勇士作为自己处世立命的榜样等思想有关。墓主借助画像石中的圣贤勇士，向冥界和仙界昭示自己的品德、操守可以与他们并列，祈求仙界的收留。同时，因鬼惧圣人，故而将圣贤刻绘在墓门之上，可以起到驱邪避凶的作用。

孔子见老子画像石

# 牛耕图画像石

　　这件画像石 1971 年于米脂官庄四号汉墓出土，为一墓室门柱石，采用减地浅浮雕刻技法雕刻而成，纵长 139 厘米、横长 61 厘米。

　　这件门柱石的整体画面分上、中、下三层。上层画面分左右两栏。左栏上半部分的底部有两座仙山，山上分别立一回首的瑞兽和飞奔的九尾狐，两座山中间生出一株悬蒲，西王母侧身踞坐于悬蒲正中，左右两边各侍立一人。左栏下半部分刻有两人：一人面右侧立，两手平摊，似正与对面的人进行交谈；另有一人跪于其后，手中持一笏状物。右栏从上到下，第一栏刻一人身蛇尾女娲，手执仙草，向左疾走；第二栏左为一双耳竖立、背生羽翼的玉兔，其一手握捣药棒，另一手扶捣药臼，右为一羽人，左、右手各拿一株药草，似乎正与玉兔一起合力捣药；第三栏刻一鹿，面左而卧，鹿角后扬；第四栏立有两人，立左者双手笼于袖中，向左而立，立右者似为一身着曳地长裙的奴婢。画像石中层刻有十二株已经成熟的禾谷，其枝叶茂盛、硕穗低垂。画像石下层是牛耕图。画面中间并排刻着两头牛，由一根绳子连在一起，两牛颈部各搭一横杠，正蹄步蹒跚，曳引耕犁。牛后的耕者双手扶犁，腰微弯，低头缓步，似乎在一边犁地，一边察看新翻的泥土。此图表现的牛耕法被称作二牛抬杠式，其中所使用的农具被称为耦犁。这种耦耕方式极大地提高了犁地的效益。直到今天，在我国的部分农村地区，这种耕犁方式仍在使用。

　　牛耕图是汉代劳动人民遗留下来的一份宝贵的文化遗产，也是我们窥探汉代农业经济和耕犁生产的一面镜子。春秋时期已有关于牛耕的记载。战国时期铁犁出现，牛耕得到进一步发展。到汉代，牛耕已经发展到一个较高的水平，这从米脂出土的画像石中的牛耕图可以清楚地看到。从目前的考古发现来看，山东、江苏、山西、内蒙古等地都发现了牛耕图。虽然西汉时曾在全国范围内大力推广牛耕技术，但是直到西汉末年，牛耕技术的推广还很有限，其范围仅限于我国北方地区，牛耕在南方的推广似乎仍是空白。到东汉前中期时，牛耕技术才实现了真正的大范围推广。

这件画像石中的牛耕图，一方面生动、形象地反映了汉代牛耕技术的发展和应用情况，另一方面是对汉代地主庄园经济的真实写照。同时，牛耕的出现在提高效率、促进生产方面发挥了重要作用，标志着我国传统农业此时已经走上制造和使用机械农具的阶段。

牛耕图画像石

# ▎流云狩猎图画像石

　　这件画像石 1957 年于绥德县五里店出土,为墓室的右壁石,纵长 121 厘米、横长 116 厘米。

　　画像石右下方为一片环状云纹。云纹右上方有两人骑马,他们一前一后,均面朝左。前方,一狩猎者正弯弓搭箭,所骑之马腾空而起,似在狩猎;后方仅露出马的一半身躯、狩猎者的胳膊和一支射出的箭,三角形的箭头显得无比锋利。前方狩猎者的左上方有一只飞鸟,飞鸟的前方有一只背生双翼的豹子。豹子前爪腾空,尾巴上卷,回首张望,似乎正拼命奔跑着,以躲避弓箭。在豹子上卷的尾巴上站着一只鸟,鸟头冲前,恰好与回望的豹子遥相呼应。鸟尾部蹲坐着一只背生羽翼的牛头怪兽。狩猎者的上方有两只异兽和三只飞鸟。画像石的左下方有一人面左而立,其双手拥彗(扫帚),身子前倾,好像正在施礼迎人。彗头上有一四蹄腾空的怪兽。怪兽头部有一环状云纹。云上站有一鸟,正翘尾低头。鸟上有一巨龙,面左。鸟和巨龙之间有一云纹和两只鸟。这两只鸟,一只展翅欲飞,一只回首而立。

　　整块画像石表现的应是墓主死后希冀升入仙界的场景。仙界云雾缭绕,珍禽飞翔,瑞兽奔跑,猎人弯弓搭箭穿梭其间。左下角躬身拥彗的门吏,正在迎接即将升入仙界的墓主。这又是一件社会大环境下神仙思想的产物。从西汉后期开始,神仙思想广泛深入民间,其信仰群体进一步扩大,从知识分子、贵族官僚到普通百姓无不崇信。进入东汉后,更是有过之而无不及。陕北汉画像石中出现的西王

流云狩猎图画像石

母、鸡首人身神祇、牛首人身神祇、珍禽异兽及各种羽人和羽兽等，充分反映了当时人们祈求长生不老和死后升仙的强烈愿望。

# 东王公画像石

　　这件画像石 1957 年于绥德县境内征集，为一墓室右柱石，纵长 113 厘米、横长 34 厘米。画像石整体画面分上下两部分。上半部分从画面底端伸出一弯曲的天柱，在天柱顶端的华盖上正面端坐着东王公，其头戴"山"字形冠，肩生数道弧形羽翼。在天柱中间的弯折处站立一鸟，其昂首垂尾，一爪高抬，似欲前行。在天柱底部的左边有一天禄，其面左站立，正翘首张望。此天柱即文献中所载的昆仑山上上接天界、下连人间的通天之柱。画面中，天柱弯弯曲曲的形态可能是为体现"其高如天"而有意为之。画面下半部分分为三层。从上至下，第一层左边面左踞跪一羽人，其肩生羽翼，身后拖一长尾，双手向前伸去。羽人身后紧跟一鹳鸟，其脖颈细长，尾巴下垂，右爪高抬，嘴中还叼着一条鱼。第二层为一张口吐火的异兽。第三层刻一牛拉车，车上端坐一人。

　　作为西王母的对偶神，东王公的出现晚于西王母，约在东汉中期。从东汉中期开始，社会上发起了一场轰轰烈烈、声势浩大的群众性造仙运动，它波及各个阶层，广大民众积极地投入到造仙运动中。东王公正是在这种背景下，由汉代人按照阴阳观念创造的与西王母匹配的神祇。《神异经·东荒经》中说："东荒山中有大石室，东王公居焉。"《中荒经》中则说，昆仑山天柱上有大鸟名叫希有，张开左翼复东王公，张开右翼复西王母，西王母每年登上羽翼会见东王公。东王公的出现，使西王母的神性更为丰满、宗教意义更为丰富。

东王公画像石

# ‖墓主升仙图画像石

　　这件画像石 1971 年于米脂官庄二号墓发掘，为墓室横额石，长 172 厘米、宽 41 厘米。画面分内外两栏。外栏为绶带穿璧图。内栏横额正中为帷幔高卷的庑殿式楼阁。楼阁内有两人，着世俗服饰，正面端坐。楼阁外右侧有一体型硕大的玉兔。它双耳直竖，一"手"高举棒槌，一"手"扶豆沿，正在捣药。周围有九尾狐、天马、翼兽等珍禽异兽，以表现神仙世界。

　　楼阁内端坐者应为墓主夫妇，并非常见的西王母、东王公。这里将西王母的

墓主升仙图画像石

随从捣药玉兔、九尾狐等刻绘于墓主夫妇旁边，营造了一个虚拟的西王母世界，表现了墓主进入西王母世界后安逸享乐的愿景。

　　这些期望、寄托是汉代神仙信仰在社会生活中，特别是在丧葬礼仪中的反映。在丧葬艺术中置入升仙的符号，这种新的实践说明升仙的概念在当时已经有了实质性的变化：人们开始希望在死后灵魂仍可以升仙，而不再是将升仙与长寿简单地等同起来。人们不仅仅追求在生时升仙，而且普遍关注死者的未来，千方百计地为死者安排好归宿。

墓主升仙图画像石（局部）

# 铺首衔环墓门门扉画像石

　　这件画像石 1957 年于绥德县贺家湾出土，为一墓门左门扉石，纵长 113 厘米、横长 43 厘米。画面上端为一朱雀，其顶翎呈树枝状，长尾上翘，双翅伸展，左爪腾空，右爪高抬，恰与左爪呈交叉状，似乎正在休憩。朱雀之下的铺首为一兽面。其双耳齐平，"山"字形额，中间凸起呈"桃"形，眼、鼻、眉毛均由阴线雕刻而成，所衔之环异常粗大。铺首左侧为一拖长尾的翼龙，其脖颈弯曲、仰首张口、口吐长芯、四爪紧抓石面，似乎正在努力向上攀爬。此画像石画面布局独特，打破了门扉画像石中常见的朱雀、铺首、翼龙从上至下的排列顺序，而是把翼龙安排在铺首的左侧、朱雀的左下方。此图中的朱雀形象，不像其他画像石中那样华丽繁复，其造型简洁、体态优雅，似飞似立，极为生动。

　　铺首衔环是汉代画像石刻中比较常见的一种图案。它通常出现在墓门门扉石上。据一些专家的研究，铺首是由饕餮逐渐演化而来的。饕餮是一种中国传统神兽。因为这种神兽凶恶、贪婪，所以一般将其置于大门上，用以驱邪。其实，汉代画像石刻中的铺首，综合了许多兽类的特征，并在此基础上进行了一定程度的夸张和变形，所以其造型既像牛又像虎，面目凶恶，非常可怕。它一方面是恐怖的化身，另一方面又是保护神。现在民居中常见的虎头门环，正是这种文化因素的延续。

铺首衔环墓门门扉画像石

# ▌狩猎纹画像石

　　这件画像石出土情况不明，应为墓室横额石，长 171 厘米、宽 43 厘米。画面分内外两栏。外栏为互相缠绕的云絮纹，其间穿插有各种珍禽异兽，有奔跑的翼兽、飞翔的仙鸟、低矮的小草等。外栏整个画面表现的是一个神秘莫测的神仙世界。内栏刻绘的是狩猎场面。画面左侧一骑士骑乘一四蹄腾空、扬尾向左飞奔的骏马，骑士则回身拉弓搭弦，射向身后一张口翘尾、四爪跃起、仓皇左奔的老

狩猎纹画像石

虎，虎后一人身子前倾，手持长戟，刺穿了虎的左后腿。为了使狩猎的场景更形象，画像石制作者刻绘了低矮的小草，以增强真实性。狩猎图后一人一手持盾，一手举剑，正在与一熊搏斗。熊尾部中箭，但仍作垂死挣扎，其右掌前伸，奋力抵住盾牌，左掌半抬，似欲拔出尾部的箭羽。熊左侧刻绘一株茎干弯曲、枝叶繁茂的嘉禾。旁一骑士正伏在四蹄腾空、向左飞驰的骏马身上，做射箭状，而箭已离弓，射在前面的熊尾上。内栏整个画面表现了两个惊心动魄的狩猎场景。

陕北地处边郡，所以从此地出土的画像石在题材、内容、形式上，都有自己独特的风格，与其他地区的画像石有明显的不同。它不像山东画像石多表现孔孟之道，宣扬儒家伦理道德；也不像河南画像石多表现祭祀、宴乐等富贵生活；亦不像四川画像石多表现制盐、酿酒等市井生活。陕北画像石多表现农耕、狩猎、拾粪、挤奶、喂马等现实生活题材，充满了浓郁的黄土高原特色，带有原始的野味。从这幅狩猎图表现的人虎、人熊搏斗中，能明显地感受到陕北人尚武善射的社会风气。

# 舞蹈、饲马图画像石

这件画像石的出土情况不明，应为墓室门柱石，纵长131厘米、横长42厘米。画面分上下两层。上层以横竖粗线分成四格。左栏上格刻绘一个舞者和一个侍者。舞者一手上举，一手垂于身后。舞者长裙垂地，裙摆两边上翘呈鱼尾状，长襦边缘突出成鱼鳍状。这套服饰独具特色，且不见于其他地区的汉代画像石中。依据服饰特征，姑且称舞者所跳之舞为"美人鱼舞"。右栏上格刻绘的是长袖舞，画面中的舞伎着上窄下宽的喇叭式长裙，裙尾拖于身后。舞蹈时，舞伎甩动长袖，凭借长袖和腰肢的变化，翩翩起舞。左栏下格的右侧为一着喇叭裙的女子，她正向站立，身旁为一双手拱于胸前的侍者。右栏下格的左侧一女子面左站立，似乎正与左栏下格的女子交谈，身后亦有一人侍立。下层画面中间为一枝繁叶茂的大树。树右侧下方置一马槽，旁站一张口垂首的骏马，似乎正盯着马槽里的草料。左边树下站有一人，正在察看马的进食情况。

陕北汉画像石上出现的形式多样的舞蹈内容，与汉时乐舞表演成风的社会大环境不无关系。当时，甚至出现过一家人正遭受丧亲之痛，处于悲痛中的主人仍然要依俗举办歌舞，以"娱耳目，乐心意者"（《汉书·司马相如传》）。西汉乐府曾设乐府令，主管乐人舞蹈，东汉设承华令，专管为皇帝宴飨时演出的"黄门鼓吹"和"百戏师"。汉时朝廷设立的这些专门掌管乐舞的机构，无疑促进了乐舞的繁荣发展。在这种社会大背景下，西河、上郡一带的豪富吏民，蓄养大量的歌舞乐人以备宴乐之用也就不足为奇了。东汉安帝甚至敢于冲破"帝王之庭，不宜设夷狄之技"
（《后汉书·陈禅传》，后
同）的禁忌，于"明年元
会，作之（夷狄之技）于
庭，安帝与群臣共观，大
奇之"。皇帝因为厌倦了众
多的宫廷之乐，才会不顾
朝臣的抗议，公然欣赏"夷
狄之技"。这反映了东汉中
期乐舞表演风气之炽，而
这一时期正是陕北汉画像
石的盛行期。因此可以说，
舞蹈题材大量出现于丧葬
建筑材料——画像石上，正
是低级贵族阶层受到宫廷
乐舞盛行和熏陶的产物，是
上行下效的结果。

舞蹈、饲马图画像石

# 陵墓石刻

　　我国古代的丧葬观念是"事死如事生"，所以墓葬的营建对于古人来说，向来不是一件可以马虎的事情。尤其是地位显赫、财力雄厚的贵族，更是会耗费极大的精力和财力，去装饰他们的地上陵园和地下"居所"。墓葬不再是阴森恐怖的场所，反而成为我们窥探古代墓葬艺术的一扇窗口。

　　秦汉之际，古人对石头的运用有了一次飞跃。人们逐渐认识到，坚固的石块所具有的"永恒"特性，恰与人们所企慕的生命长存相契合。于是，石头被大量地运用到墓葬的建造中，去打造一个个可以长久保存的逝者家园。这一类石刻就是陵墓石刻。

　　陵墓石刻可分为地上石刻和地下石刻两大类。地上石刻是指在陵园内安置的各种碑刻及石雕，其中以神道石刻最为精美壮观。自汉代起，高规格墓葬之前开始修建神道，并且在神道两侧列置石刻作为标识和仪卫。伴随着丧葬制度的完善，神道石刻也逐渐形成规制。早期的神道石刻仅有象征"大门"意义的石阙、记录墓主人生平的石碑、象征威仪的石柱等。东汉之后又出现了镇守陵墓和起仪卫作用的人物、动物石雕。随着时代更替，其种类不断丰富。至唐代，已经形成了一套较为完整的神道石刻制度，规定不同身份、地位的墓主，配制以不同题材和规模的神道石刻群。

　　神道石刻制度从汉代萌芽，一直延续至清代，绵延不绝两千年之久，大量各具风采的大型石雕被创作出来。而古都长安，作为汉唐盛世的国都，更是留存下一批气势恢宏、博大雄浑的汉唐神道石刻。它们历经了西风残照，仪卫着汉唐陵阙，在中国雕塑史上书写下最为辉煌的篇章。

陵墓石刻的另一类别地下石刻，则指墓室之内使用的石刻葬具，或者营建墓室的石刻建筑构件等。汉画像石也可算作地下石刻的一类。因其数量众多、内涵丰富，历来受到金石学家的关注，故汉画像石在金石学著录中自成一类。除此之外，还有从南北朝时期开始流行的石墓门、石棺、石椁等，它们同样具有精美的造型和内蕴丰厚的图案纹饰。

西安碑林自 20 世纪 50 年代以来，陆续入藏了三十余件汉唐陵墓石刻，其中的几乎每一件作品，在中国雕塑史上都是极具分量的典范之作。与此同时，作为墓葬艺术的重要组成部分，它们以独特的视觉语汇向后人阐述着无比丰富的关于本土宗教、伦理、生死观、审美观等的历史信息。

# 东汉双兽

　　这一对矫健而灵动的石雕双兽于 1960 年春天在陕西咸阳附近被发现。出土时，双兽倒卧于距地表 2.2 米的土坑中，相距仅 0.4 米。同时发现的还有少许汉代陶片，说明双兽很可能从汉代起便俯卧于此。经过考古工作者的勘察，百米之内没有发现建筑遗迹。因此，这一对体态优美的石雕双兽，除了带给我们视觉上的震撼外，也留给了我们诸多疑惑：它们究竟是什么时代的作品？当年放置在哪里？为何会卧于黄土之下千余年？

　　双兽为青石质。它们瞠目张口，做昂首疾走状，躯干矫健挺拔，四肢强劲有力，身后一条壮硕的长尾拉伸了从头部至背脊的优美曲线，也增添了双兽行进中的气势。从外形很难确定双兽为哪一种特定的兽类，更似博取众家之长的合体：既有虎的威武之神，又具狮的矫健之态。它们因为常年掩埋于地下，得以免遭风雨侵蚀，所以全身几乎完好无损，并散发出青石所特有的深沉、温润的光泽。双兽的造型风格与在河南、四川等地发现的放置于东汉陵墓之前的石雕双兽很相似，因此可推断它们为同一时代的作品。它们最初应该是放置于墓前的，承担着镇守陵墓、驱除邪恶的使命，同时又是墓主人崇高身份的象征。这对在陵墓前有着仪卫作用的石兽，古人称为"天禄""辟邪"。宋欧阳修在《集古录》卷三中说"天禄、辟邪四字，在宗资墓前石兽膊上"，说明汉代即有此称。东汉至南朝时，有的天禄、辟邪双兽有翼，更为墓葬增添了些许神秘感。

　　这对石雕双兽诞生于陵前石刻制度产生的源头——汉代。逐渐谙熟石雕技术

东汉双兽

的东汉工匠们，一刀一凿地将他们幻想中的神兽活灵活现地刻画出来。那昂首挺胸、舒腰展背的姿态，那矫健的步伐和充满动感的气魄，以及流畅而富有张力的线条，即使以我们今天的眼光来欣赏，仍不愧为优秀的石雕艺术作品。

# 永陵石兽

　　西魏文帝永陵之前，原放置有一对立兽，其中之一在 1959 年移至西安碑林收藏。这样一来，西安碑林的大型石雕藏品从东汉雄浑矫健的走兽，到大夏国苍劲质朴的石马，再到唐代气宇不凡的神道石刻，以至清代精雕细琢的关平、周仓石像等，便串联成一条环环相扣的石雕艺术链条。这根链条上的众多环扣代表着不同时段或类型的经典，它们缺一不可，不可替代。

　　这一件西魏永陵立兽就是这样的一个环扣。它是整个北朝时期留存下来的为数不多的陵墓石雕的代表，同时还是陵墓石刻中最高等级——帝陵级别的作品。石兽高 190 厘米，长 180 厘米。它昂头站立，头类狮虎，前后肢上端雕有阴线火焰纹，象征着双翼。石兽的整个造型质朴厚重，并无精细雕工，仍保持着汉代石刻艺术的古朴风格。与同时期雕刻繁复的南朝陵墓石刻相比，它那粗放的造型和洗练、简洁的线条，将北朝石雕所具有的雄伟、浑厚的气质表现得淋漓尽致。

　　石兽的主人是西魏开国皇帝元宝炬。他为北魏孝文帝元宏之孙。北魏永平元年（508），元宝炬的父亲元愉意图谋反称帝，却兵败被擒，自缢而死。当时，年仅一岁的元宝炬与几位兄弟及刚出世的妹妹元明月一起被幽禁于宗正寺内，直至七年后才重获自由，恢复宗室属籍。成年后的元宝炬被晋封为南阳王。永熙三年（534），孝武帝与权臣高欢决裂，任命元宝炬为中军四面大都督，率众进入关中投奔宇文泰。高欢则另立清河王之子元善见为帝，并将都城从洛阳迁至邺城，史

永陵石兽

称东魏。第二年，宇文泰杀孝武帝而拥立元宝炬为帝，改年号为大统，定都长安，史称西魏。就这样，元宝炬成为了西魏的开国皇帝。不幸的是，元宝炬只是宇文泰手中的傀儡。他在位十七年，于551年驾崩，葬于陕西富平永陵。

文帝元宝炬的陵墓至今还留存着高13米、周长230米的坟冢。据传，陵前除了一对石兽外，还有石人和其他石刻，可惜现已不见踪迹。而距永陵东25米处另有陪冢一座，高5米、周长112米，已遭破坏。至于陪葬者的身份，说法不一。有说是元宝炬的妹妹平原公主元明月，也有说是废帝元钦。而在永陵附近的民间，则流传着这样一个传说。当年文帝元宝炬安葬时，妹妹平原公主也跟随送葬，却不幸暴死陵前，随即陪葬在陵侧。由此，当地乡俗认为，姊妹为弟兄送葬不吉。这一民间习俗流传至今，颇有些神秘色彩。

# ‖李静训石棺

展陈于西安碑林博物馆石刻艺术馆内的这座石雕宫殿，造型逼真，雕刻精巧，完全就是隋朝建筑的缩影。我们很难将它与丧葬和死亡联系在一起。事实上，它是一名早逝的隋代小女孩的石棺。这女孩名叫李静训，字小孩，生长于皇族之家，去世时年仅九岁。

这座石棺1957年出土于西安西城墙玉祥门外的一座隋代墓葬。该墓葬规模不大，但形制比较特殊，墓内出土文物的数量和精美程度都令人叹为观止。正如这件李静训石棺，长192厘米、宽89厘米、高122厘米，是一座歇山顶、三开间、殿堂式的房形石棺，实属罕见。石棺外形仿造真正的隋代宫殿。制作者也许是将石棺当作墓主人在另一个世界的居所来精心装饰的，所以，不管是对其外表还是在很多细微之处，制作者都做到了精心设计和细心雕琢。歇山式的屋顶就是石棺的棺盖，屋脊正中置一火珠，两端有上翘的鸱吻，屋顶覆有采用浮雕手法制作而成的筒瓦和饰有莲花纹的瓦当。石棺的正面为闭合的门扉，门两侧各站立一侍女，又各雕一扇直棂窗。在石棺的右侧壁雕刻有石门和一对男侍卫。"宫殿"的立柱及其上的斗拱等建筑构件都被一一呈现出来。除此之外，制作者还在房形石棺的内壁上绘上了侍女、树木、花卉、禽鸟等图案，为一个冰冷的地下世界增添了些许盎然生机。

一位女童何以获得如此殊荣？这就要从墓主人李静训那非同寻常的显赫家世说起。李静训的曾祖父和祖父均为北周高官，特别是其祖父李崇，因为跟随隋文帝杨坚一起打天下而备受恩宠，官至上柱国、幽州总管。隋开皇三年（583），李崇带兵与突厥激战，不幸以身殉国。隋文帝杨坚在痛失爱将之后，将其年仅七岁的遗孤李敏也就是李静训的父亲收养于皇宫之中。李敏逐渐长成为一个文武双全的美少年，《隋书》中描述他"美姿仪，善骑射，歌舞管弦，无不通解"。这样一个美男子被隋文帝之女、北周宣帝皇后杨丽华亲自挑选为女婿，迎娶了杨丽华与北周宣帝的独女宇文娥英。李静训为李敏和宇文娥英的第四女。她很受外祖母杨丽华的宠爱，自幼便跟随在其左右。大业四年（608）四月，隋炀帝与眷属前往位于山西省宁武县的离宫汾源宫避暑，李静训与外祖母杨丽华也在随驾之列。然而不幸的是，年方九岁的李静训在汾源宫一病不起，于六月一日殁于他乡。她的灵柩被小心地护送回京，半年后安葬于京城万善尼寺中。

　　李静训能够得到如此厚葬，自然归因于她皇族后裔的身份，但还有一个非常重要的原因，就是其外祖母杨丽华。杨丽华的身份很特殊。在北周时她以重臣杨

李静训石棺

李静训石棺棺顶所刻"开者即死"

李静训石棺内出土的头冠

坚之女的身份嫁给北周宣帝，因为才貌出众、气质高雅，贵为五皇后之首。后来杨坚自立为帝，取北周而代之，杨丽华又被尊为隋朝公主，在隋代宫廷中占有一席之地。杨丽华对她的外孙女李静训一直疼爱有加，所以外孙女的突然病逝令杨氏轸悼痛惜。于是，她费尽心思，力图让小姑娘在幽冥世界里得到无比的护佑和哀荣，并在石棺的瓦脊上刻上"开者即死"四字，以防止盗墓。

　　李静训墓中精心雕造的小石棺和两百多件珍奇的随葬品，已远远超出了礼制，这其中想必有不少是她生前使用的器具和喜爱的珍玩。这些珍贵的文物和墓志现都调藏于中国国家博物馆，李静训的尸骨则仍被完整地保存在石棺之中。一位外祖母将自己的哀思和疼爱都寄托在这精心打造的地下宫殿中，希望恩宠及荣华能够永远地伴随在她年幼的外孙女左右。

# 永康陵蹲狮

　　唐代是陵墓石刻的兴盛时期，特别是在这一时期，于陵墓之前放置系列大型石雕群成为一种仪制。在这一规制下，不同身份、地位的墓主人所配制的石雕数量及石雕题材，均有所不同。身为九五之尊的帝王，自然享有最高规格的护陵石雕阵容，而身份低微的官员和普通老百姓则无权享用。石雕群在陵园中的摆放位置也有相应的规律。通常是在陵园东、西、南、北四个大门外放置石狮或石虎一对，北门外再放置仗马三对。神道石刻的题材非常丰富，计有石狮、石马、鸵鸟、石人等。它们大多成对地立于神道左右两侧，相对而立，少则几件，多则上百件。庞大的石雕群犹如仪仗队伍一般，整齐地排列于南门之外长长的神道两侧，迎送着历朝历代前来祭祀、凭吊的人们。当人们置身于宽阔而漫长的神道之上，便会被石雕群所显现出的威严和宏伟的气势所震撼。

　　陕西关中平原北部的渭北高原和北山山脉，集中分布着唐代帝王及皇亲国戚的陵墓。其中，很多陵墓前都配置有数量不等的大型石雕。那里曾经如同一个个石雕艺术的博物馆。然而经过一千多年，陵谷变迁，沧海桑田，很多石雕或倒伏，或埋没于沙土中，或被移置他处保存。今天，西安碑林博物馆所收藏的唐代陵前石雕，即来源于此。

　　这一件永康陵蹲狮是唐代最早的陵前石雕之一，它完成于唐朝开国之年武德元年（618）。永康陵为唐高祖李渊的祖父李虎之墓，位于陕西省三原县。陵墓南面长达二百多米的神道两侧，原本列置有成对的石柱、石天禄、石马、石人等，

永康陵蹲狮

永康陵蹲狮入馆老照片

蹲狮则镇守在最靠近陵墓的位置上。其中的一件蹲狮在 1959 年入藏西安碑林。如今，脱离了队列的石狮静静地蹲坐在展厅一角，看上去仍觉气势逼人。它总高达205 厘米，昂头挺胸，呈蹲坐之态；瞠目张口，似有声如洪钟的怒吼发出；胸部浑厚而结实，挺直的前肢呈现出紧绷的肌肉线条。当年工匠们细心地雕凿它，并竭尽全力，试图表现出护陵石狮的力量感和震慑力。

　　李虎在西魏时为八柱国之一，被封为陇西郡公，北周受禅立国后，被追封为唐国公。李渊建立唐王朝后，于武德元年追尊李虎为太祖景皇帝，为他增修了陵园，称永康陵。永康陵是唐王朝建造的第一座帝陵。陵园的设计孕育着新的变化，尤其是以神道为中轴的陵前石雕群的布置格局被以后的帝陵继承并发展，从此诞生了一大批工艺精湛、造型优美的石雕艺术品。

# 献陵石犀、石虎

　　唐朝是中国历史上最辉煌的朝代之一，在二十四位君主近乎三百年的统治下，营造出大唐帝国一派雍容霸气的盛世景象。在西安碑林博物馆的石刻艺术馆中，凡属唐代的石雕作品，大多显得华丽大气。献陵石犀、石虎，当属其中的佼佼者。

　　献陵为大唐开国皇帝李渊的陵园，位于陕西省三原县。陵园四门原本各放置石虎一对，南门另置石犀一对。需要说明的是，献陵是所有唐代帝陵中唯一使用石犀、石虎的陵园。其中的一件石犀和一件石虎，分别于 1960 年和 1959 年入藏西安碑林。

## 石犀

　　献陵石犀真是古代石雕中的庞然大物。它高 212 厘米、通长 335 厘米，由重达 10 吨的整块巨石雕成。你看它瞠目合口，鼻上隆起一个圆包状的犀角，颈部堆着层层叠叠的富有质感的褶皱，身上布满整齐的鳞甲纹，做缓步向前状。它目光炯炯、神情自若、憨态可掬，充分展现了工匠高超的雕刻技艺和对犀牛形态的熟稔。

　　其实，在唐代，犀牛是一种十分罕见的动物，有少量分布在我国现在的华南地区，而绝大部分则生活在南亚、非洲等地。地处关中地区的长安所见到的犀牛

献陵石犀入馆老照片

都是来自于国外的贡品，因而极其珍贵。翻开《新唐书》，其上就有贞观初年林邑国即今天的越南，派遣使者长途跋涉来到长安进献犀牛的记载。憨厚温顺的犀牛深得天子的欢心，于是被豢养于皇家园林中。贞观九年（635），唐高祖李渊驾崩，工匠们将他喜爱的犀牛塑造为永恒的石雕形象，长久地矗立于他的陵墓之前。在石犀右前足的底板上，刻有隶书铭文"□祖怀□之德"，推测为"高祖怀远之德"。

献陵石犀

献陵石虎

献陵石犀、石虎展陈老照片

## 石虎

献陵石虎高 205 厘米，长 253 厘米，宽 102 厘米。石虎体量略小于石犀，亦由整块青石雕刻而成。石虎四肢直立、躯体壮硕，看起来雄健有力。尤其头部雕刻精细，它双眼圆睁，两颊似在颤动，如发怒吼。在雕刻技法上，石虎沿袭了汉魏石刻厚重、质朴、雄浑的特点，体现了初唐雕刻的艺术风貌。

在墓前放置石虎，有保陵墓平安之意。墓前置石虎始于汉代，城固西汉张骞墓、兴平西汉霍去病墓及富平西魏文帝元宝炬墓前均置石虎，唐高祖李渊的父亲李昞的兴宁陵前亦置石虎。

在唐乾陵以前，帝陵及臣下之墓前均置石虎，尊卑不分。武则天为了显示帝之尊威，给乾陵前置石狮而不置石虎，并规定臣下之墓前不得置石狮，只能置石虎或石羊，以示君臣有别。陵墓石刻制度由此肇始，之后各代尊之。

# 昭陵六骏

　　大名鼎鼎的"昭陵六骏"浮雕石屏，是西安碑林博物馆最负盛名的石雕艺术藏品之一。它们完成于唐贞观十年（636），其中四件现存于西安碑林，两件存于美国宾夕法尼亚大学博物馆。

　　昭陵是唐太宗李世民的陵墓，位于陕西省礼泉县九嵕山的绝峰上。这里地势高耸，气势磅礴。长眠于此的太宗皇帝生前便为自己选好了这块风水宝地。当年，李世民多次带领部众游猎到此，常被眼前的景色，尤其是九嵕山之南的终南山上的美景所震撼，于是亲自定下了自己的陵寝所在，还特意赋诗一首记录下此情此景。诗云："重峦俯渭水，碧嶂插遥天。出红扶岭日，入翠贮岩烟。叠松朝若夜，复岫阙疑全。对此恬千虑，无劳访九仙。"（《望终南山》）

昭陵不但在选址上占尽了天时地利的优势，更在陵墓的设计上一改前朝之制，开创性地采用了"依山为陵"的方案。所谓"依山为陵"，即将墓室开凿于山腰之上，以巍峨的山体为坟冢。这不仅在气势和高度上超越了人工堆筑的封土，更是将大自然营造出的天然气魄赋予凡身肉体的帝王身上，突显他至尊至贵的地位。围绕山陵又修建陵墙、门阙、寝殿等建筑，并在山陵之南建造了上百座皇亲国戚的陪葬墓，还在园内放置了数量众多的大型石雕，从而形成了蔚为壮观的陵园景象。

昭陵六骏石雕共六块石屏，一屏一马，原本分两组列置于陵园北部的祭坛左右。每块石屏高171厘米，宽205厘米，厚30厘米。祭坛东面列置有特勒骠、青骓、什伐赤，西面有飒露紫、拳毛䯄、白蹄乌。据说，六骏石雕的图样原是由初唐著名画家阎立本绘制，又由工艺家阎立德指导雕刻而成，唐太宗李世民还亲自为每匹骏马撰写了赞词，最后由书法大家欧阳询将御题的赞语书丹于石屏之上，真可谓集名画、名刻、名诗、名书于一身。然而，经过长年累月的风沙吹打、雨雪侵蚀，那些榜题的文字已经磨泐不见，只留下骏马们斑驳而矫健的身影。六骏中三匹驻足站立，三匹奔跑驰骋。站立者或表情凝重，或身中数箭仍坚定无畏；奔驰者似有风驰电掣的速度，疾驰如风。每一匹骏马的姿态不同、神情不一。它们瞬间的动作和神态都被准确地定格在石质屏风上，活灵活现，呼之欲出。六骏的放置处原本建有廊房加以保护，并有十四个石雕蕃酋像同时陈列于

西安碑林博物馆"昭陵六骏"展陈现场

"昭陵六骏"展陈老照片

此。六块骏马石屏象征着唐太宗在开国战争中南征北战的卓越功勋，众多蕃酋像则展现了国泰民安、万国来朝的盛世景象。

李世民作为大唐帝国的重要奠基人，一生征战沙场，骑过的良马无数。在这众多的战马中，仅有六匹骏马最终化作不朽的石雕，得以世世代代守护主人。它们不只是李世民的坐骑，更是与他出生入死、甘苦与共的战友。每一匹骏马都与一场激烈的战役有关：青骓，乃李世民平窦建德时所乘；什伐赤，乃平王世充时所乘；特勒骠，乃平宋金刚时所乘；飒露紫，乃平东都时所乘；拳毛䯄，乃平刘黑闼时所乘；白蹄乌，乃平薛仁贵时所乘。可见，这每一块骏马石屏都是对一场战役的纪念。

六骏中唯一出现人物的一块，表现的是大将丘行恭为飒露紫拔箭的场景。那是在武德四年（621），唐军发动了统一战争，出兵攻打洛阳。在邙岭会战中，李世民为试探敌阵虚实，骑着飒露紫率领部将冲入敌营，混战中与随从失散，而战马飒露紫又中箭受伤。危急时刻，紧随其后的大将丘行恭及时赶到，将自己的战马让给了李世民，又迅速为飒露紫拔箭。然后他手持长刀，与李世民一起杀出重围，最终与大军会合。飒露紫浮雕表现的正是拔箭的瞬间，将丘行恭的沉着冷静和飒露紫的不屈不挠再现于石屏上。而另一匹战马拳毛騧，身中九箭，仍显出一种刚毅之气。它是唐太宗在平定刘黑闼的战斗中所骑的战马。在激烈的战争中，拳毛騧不幸腹背多处中箭，却毅然挺立，坚定无畏。

六骏石屏于贞观十年（636）雕凿完成后，便一直放置于昭陵，直至民国三年（1914），美国人毕士博等人与中国古董商人勾结，里应外合地将飒露紫和拳毛騧贩卖到美国，使得"六骏"从此分离。剩下的四件骏马石屏也在外运时被砸碎，所幸在运输途中被国人追回，暂存于西安图书馆的库房内，又于1949年移交给陕西省历史博物馆（今西安碑林博物馆前身）收藏至今。直到今日，昭陵六骏仍然远隔重洋，不得聚首。多年来，我们一直呼吁，希望"二骏"回归故里，重新相聚。

现藏于美国宾夕法尼亚大学博物馆的飒露紫和拳毛騧

白蹄乌

拳毛騧（复制品）

特勒骠

飒露紫（复制品）

青骓

什伐赤

# 昭陵走狮

在唐太宗李世民的昭陵里，除了闻名遐迩的昭陵六骏外，还有一对神采奕奕的石雕走狮引人注目。这一对威武的石狮现与"六骏"一并陈列于西安碑林博物馆石刻艺术室的陵墓石刻展区。

石狮高 202 厘米，长 255 厘米。1959 年，从陕西省礼泉县吴村移入今西安碑林。两只石狮雕刻得形神兼备、活灵活现。一只双目圆睁、张口怒吼，尤其全身的狮毛刻画得丝丝分明。另一只闭口龇牙、项鬣卷曲，在它的右侧还站立着一位牵狮人。此人像头、手、脚均已残缺，从它身着的翻领大衣判断，当为来自西域的驯狮人。两头石狮一左一右并排行进，又各自侧头，相互顾盼，显得生动有趣。

狮子原产于非洲和亚洲西部。从东汉开始，史籍中就留下了不少西域国家进献狮子的记录。例如，东汉章帝章和元年（87）西域长史班超击莎车，大破之，月氏国遣使献扶（符）拔、狮子；章和二年（88），安息国遣使献狮；顺帝阳嘉二年（133），疏勒国献狮子；等等。《后汉书·班超传》中还记录了这样一段历史。当时，月氏国因为协助汉王朝击败车师，于是想借机迎娶汉朝公主。他们派出使者带着符拔、狮子等珍贵的贡品前来提亲，却很不幸地遭到拒绝，由此结下了怨恨。狮子之所以会被西域各国作为贡品，千里迢迢、不辞辛劳地送往中原王朝，一个重要的原因就是，在古埃及及中亚、西亚等地，多把狮子当作守护神看待。比如，波斯人就崇拜狮子，王者听政时头戴金冠，端坐于金狮座上；古印度人也极为崇拜狮子，把狮子看作百兽之王。后来佛教诞生，狮子更是拥有了护法

昭陵走狮

神的地位。于是，当这些国家期望与汉、唐王朝交好时，自然会把他们最为珍视的物品作为国礼进献给中原王朝。同时，随着佛教的东渐，也把狮子具有守护神力的思想输入中原王朝人士的心中。

从汉代起，在陵墓之前放置石狮用以镇守墓门、驱邪避魔的墓葬制度，已经初见端倪。到了大唐盛世，帝王陵墓的营建多追求巍峨不凡的气势，陵墓石雕的

种类和数量也大为增加。最威严的石狮被成对地安放在陵园的东、西、南、北四门之外，仿佛是镇守陵墓的一道重要关卡。现在所发现的唐陵石狮绝大部分呈蹲坐的姿态，仅有三座唐陵的石狮为站立行走状。而昭陵的走狮是唯一雕刻出牵狮人的作品。

# 唐代石羊

在西安碑林博物馆石刻艺术室中，静卧着一对唐代石羊。虽然这对石羊没有石犀、石虎、石狮那样雄伟高大，也不如昭陵六骏那么驰名中外，但是，时隔十三年，它们先后入藏西安碑林，也颇有些传奇色彩。

1991年3月25日，西安东郊咸宁东路西安灯泡厂出土了一尊唐代石羊。据时任该厂动力科科长的张米祥回忆，当天他在厂区正在修建的锅炉房的工地上发现地下有块大石头，挖不出来，仔细一看，觉得应该是石刻文物，立即告诉厂里领导。厂里随后安排人将大石头挖出，并清理干净，发现是一尊雕刻精美的石绵羊。后经与文物部门联系，运送到陕西省博物馆（今西安碑林博物馆前身）收藏。陕西省博物馆向张米祥、徐建昭等保护文物的有功人士颁发了荣誉证书，以示表彰。当时，馆里专家就认为，这是唐墓前的石刻，应该还有一只与这只石羊成双成对。因这只石羊造型独特、雕刻精美，随后被放置在西安碑林石刻艺术室展示。

无独有偶，2004年3月17日，在西安东郊咸宁东路西安照明电器工业公司（原西安灯泡厂）住宅楼工地上，当年的动力科科长张米祥已年逾五十，转任退休办主任，组织工人对锅炉房西侧进行挖掘时，又发现了一块大石头。工人们赶紧将其挖出，清洗干净，发现是一尊与十三年前出土的那尊几乎一模一样的石绵羊。西安碑林博物馆保管部主任张安兴和马骥闻讯赶到现场，确认此羊同属唐代石刻，立即将其运至碑林，妥善收藏。

1991 年唐代石羊征集现场老照片

这两尊石羊极为相似。1991年出土的通高1.22米，2004年出土的通高1.28米，推测应置放在同一墓前，属陵墓石刻。它们跪卧于石座上，身上披满了卷曲的羊毛，腿部做了弱化处理，突出和夸张了头部，双眼微突而有神，特别是头部大角盘曲，质感强烈。从形象上看，应属西域羊种。两只石羊整体造型沉稳，既有羊的温顺，又有作为陵墓石刻的威严感，且雕工精细、栩栩如生，实属唐代石刻中的精品，有盛唐之风格。

唐封演的《封氏闻见记》载："秦汉以来，帝王陵前，有石麒麟、石辟邪、石象、石马之属，人臣墓前有石羊、石虎、石人、石柱之属。皆所以表饰坟垄，如生前之象仪卫耳。"唐代陵墓前的石刻都有完备的制放规则。《唐律疏议》载："石兽者，三品以上六，五品以上四。"石羊放置墓前有祥瑞之意。目前，在唐代的陵墓前仍存留着不少石羊。

这对石羊的出土地西安东郊田家湾一带，大致属于唐代京兆府万年县浐川乡的范围。这里是唐代重要的墓葬区，发现过重要的唐代墓葬。据考古工作者研究发现，这对石羊的主人起码是五品以上的官员或贵族。

两尊石羊在陵墓前护卫了一千多年，栉风沐雨，后被埋入地下，又先后出土。时隔十三年，碑林再聚首，再不分离，永远相守。

唐代石羊

# 李寿石墓门、墓志、石椁

在西安碑林博物馆石刻艺术馆里，有三件十分特殊的展陈物，分别是一扇精雕细刻的石墓门、一件龟形墓志、一具房形石椁。它们均来自于一位名叫李寿的唐代皇室成员的"地下居所"。

李寿，字神通，是唐高祖李渊的堂弟，封淮安靖王。隋大业末年，李寿跟随李渊一同举兵反隋，之后参加了对窦建德的战争，却屡屡战败。最后，终于在随李世民平定刘黑闼的战役中取得胜利，成为了唐王朝的有功之臣，也因此得到了唐高祖李渊和唐太宗李世民的赏赐。唐贞观四年（630）李寿去世后，获得了陪葬高祖献陵的待遇。李寿可谓是常败将军，史书上记载得很清楚，而墓志却称其"累致克捷"，极尽谀墓之词。

李寿之墓位于陕西省三原县，与高祖的献陵为邻。1973年，考古工作者对该墓进行了发掘。这是一座规模颇为宏大的墓葬，其地面层层夯筑的封土在经过一千多年的风雨侵蚀后，残留下8米多高的土堆，周长达60余米。墓前原本排列着石人、石羊、石柱等象征仪仗的陵前石刻，如今多已倒伏或掩埋。一条长而深邃的斜坡墓道从地面通往墓室。隧道般的墓道顶部间隔开有5个天井，用于取土、采光。天井数量同时也是墓主身份等级的象征。墓道加墓室总长度达44.4米。从墓道开始直至墓室，四壁遍绘精美的壁画，如骑马出行图、狩猎图、生产生活场景、贵族庭园等等，内容极为丰富。透过斑驳的画面，可以想见当年墓葬的富丽堂皇。

李寿石墓门

# 石墓门

通过长长的墓道，便来到这扇隔离生死的石墓门之前。石墓门高204厘米、宽180厘米，由门扉、门楣、门框、门墩石等组成，雕刻细致，造型独特。

门扉正面以减地平刻的手法，雕刻出一对展翅的朱雀和一对拖着华丽长尾的孔雀；门楣正中用浅浮雕的手法，雕刻出一个威猛的大兽面和线条舒畅的流云图；门墩则是一对仰首蹲坐的石狮，其势咄咄逼人；门框及门槛上雕饰着细密流畅的蔓草纹、海石榴纹等。出土时，石墓门上还残留着彩绘贴金的痕迹。一扇精工巧作的石墓门，饱含着当时人们对于死亡的敬畏和尊重。

# 龟形墓志

墓室正中放置着一件造型别致的龟形墓志。它不同于通常的方形墓志，而是由兽头、龟身、龟尾组成的既完整又写实的龟形墓志。龟的背甲为墓志盖，上刻篆书"大唐故司空公上柱国淮安靖王墓志铭"，周围阴刻有几何纹作为装饰。龟甲、志题都镌刻得十分精细。龟象征着长寿和高贵。把墓志雕刻成龟形，寄托了希望死者在地下安息、长眠的美好愿望。龟形碑座较为常见，而龟形墓志铭则极少。北魏有《元显僬墓志》为龟形。

墓志全文用楷书书写，记录了李寿在开创大唐的征战中立下的赫赫战功。然而，根据史料记载，李寿确有带兵出征失利的史实。看来，考证历史一定要史、物相结合。

李寿龟形墓志和石椁

# 石椁

　　石椁是罩护在棺外的一层葬具，在古代只有皇亲贵戚、达官显宦才能使用，一般配置为"外椁内棺"。李寿石椁长355厘米、宽185厘米、高220厘米，由28方青石组成。前面正中有两扇可以开合的石门，外部四周雕刻有青龙、白虎、朱雀、玄武四神，以及侍从卫士、文武大臣和歌舞飞仙等形象。在它的内部四周线刻乐伎、舞伎歌舞的画面等，具体而生动、真实而丰富地反映了初唐时期宫廷贵族生活的豪奢和乐舞的盛况。在石椁的顶端还雕刻有星相图。这些雕刻图案为我们研究唐代服饰、舞蹈、音乐及社会生活提供了珍贵的资料。

李寿石椁内部线刻画之立部伎

李寿石椁内部线刻画之坐部伎

# 唐代碑首

　　这是一座巨大而精致的唐代石雕碑首，通高 124 厘米、宽 157 厘米，1951 年于西安朝阳门外中兴路出土。

　　碑首左右两侧各有对称的三条蟠螭环绕，螭首朝下整齐排列，身躯相互缠绕，穿梭在云气之间。正面左右两条螭龙各伸出一爪，共同托举起一个精致的莲花台座。莲台上供奉着一颗散发着火焰光芒的宝珠。之下为圭形碑额，未题字。碑额一周雕刻云状花边。额顶浮雕人面鸟身的迦陵频伽，它们展开双翅，共捧一只宝相花盆。碑首背面与正面基本对称，唯迦陵频伽变为双鸟。

　　迦陵频伽为梵语的音译。佛教典籍中记载，它是佛国的一种神鸟，鸣叫声清婉和雅，为一切鸟声不能及。因此，又被称为"妙音鸟"。在佛教中，常以其鸣声譬喻佛、菩萨之妙音。

　　一对美丽的妙音鸟和一颗承托于莲台上的宝珠，共同装饰着这个华美的碑首，说明它应当使用在与佛教相关的一方高大碑石上，或许是某个寺院的纪事碑，或许是某高僧的纪念碑……然而，由于种种原因，最终没有交付使用。

　　这座碑首由一整块青石雕刻而成。工匠用极为纯熟、洗练的刀法，表现出了螭龙之间交错有序的盘绕，又间或点缀以升腾飘逸的云气。这正体现了刚柔相济、动静交融的艺术之美。

唐代碑首（正面）

唐代碑首（背面）

# 宗教造像

佛教肇始于古印度，在两汉之际传入我国。因其"以像设教"的传播方式，故而在我国产生了许多佛教造像，它们对我国的文化艺术产生了重要而深远的影响。

在我国古代，长期作为政治、经济、宗教和文化的中心，又是古丝绸之路的地理起点的长安，是佛教及其造像艺术从西域传至中原王朝的中枢。长安不仅在相当长的时间里得东渐的佛教文化风气之先，更是将外来文化与本民族文化相融合，创造出新的文化形态，进而成为辐射全国的文化原点和佛教造像的重镇。

北魏时期，关中地区的佛教造像多以乡土气息浓厚的造像碑及民间雕造的小型造像为主体。造像碑是佛教造像的一种独特形制，它将中国传统的石碑造型与外来的佛教造像艺术相结合，取石碑之外形，再于其上开龛雕凿佛像。造像碑按形状划分，大体可分为两种：一种是顶部平整的方柱形（或扁方柱形）；一种是螭首或圆首的扁体碑形，称碑形造像碑。通常于碑石的正背两面或四面开龛造像，有单龛和多龛之分。有的佛龛四周还有以阴线或减地平雕法雕刻的建筑、供养人、伎乐飞天、狮、龙、虎等藻饰，佛龛和藻饰的空处再刊刻发愿文及供养人姓名。造像的题材和内容，与十六国、北魏以来竺法护、道安、鸠摩罗什等一批高僧大德在长安地区所译出的佛教经典密切相关。因此，释迦像、弥勒像、释迦多宝并坐像、文殊维摩诘像成为这一阶段关中造像所流行的题材。在雕凿技法上，工匠灵活运用了浮雕、透雕、减地平雕、线刻等多种方式，将传统样式和民间趣味与外来艺术形式相融合。这一时期的造像风格及其演进过程表现为：北魏早期的作品均带有明显的外来风格特点，至北魏中晚期逐渐汉化，出现了"褒衣博带"式的佛装和"秀骨清像"的佛像样式。

北周至隋是佛教造像艺术的重要转型期。这一时期除了造像碑和单体小型龛式造像继续在长安地区流行外，大型单体圆雕立像骤然增多。这与北周时期高官显贵崇信佛教、大造佛寺的历史背景有着密切关系。与此同时，这些北周至隋代的佛像及菩萨像，对外来因素进行了汲取和创新，形成了佛教造像的"长安样式"，对周边地区佛教艺术的发展也产生了重要影响，开创唐代佛教艺术之先河。

至唐代，随着社会经济、文化的高度发展，佛教也得到了更加广泛的普及。长安作为都城，寺院林立、宗派纷呈，造像艺术也达到了新的高峰。佛教造像艺术自魏晋南北朝以来，一直处于从外来形式向中国本土化演变的过程，至唐代终于完成了这一历程，形成了符合中国人审美情趣的新的艺术风格。纵观唐代造像，已凸显出庄重典雅、雍容华美的气度，造型上更加注重写实，形象更加生动自然，更具人情味。这一时期，长安的佛教造像，既有皇家寺院供奉的大型立像、坐像，又有大量民间雕造的中小型佛像。造像题材也更为广泛，不仅有佛像、菩萨像，还出现了单尊天王、力士等圆雕造像。这些造像身躯健美、体态匀称、神情庄重，并各具特点——佛陀的庄严、菩萨的优雅、天王力士的威武，充分体现了唐代长安佛教造像艺术的皇家气度与风范。唐代时，造像碑逐渐式微，背屏式、龛式及单尊造像继续流行，多为寺庙或民间所供奉。

唐代之后，随着国都的迁移，长安的佛教艺术也结束了曾经赫赫皇皇的盛世篇章，转而在城里乡间平缓延续，造像的体量和数量均有所衰减。

西安碑林博物馆所藏的佛教造像时代跨越了北魏至明清各代，数量众多、形式多样、风格各异，基本构建起长安地区佛教造像艺术的发展序列。

与佛教造像的发展相伴相随的还有道教造像。道教起源于中原王朝本土，原本不供奉神像，大约从魏晋南北朝起受佛教"以像设教"的影响开始塑造自己的偶像。萌芽时期的道教造像的外形和姿态往往仿效佛教造像，数量远不及后者。在北魏时期，以长安为中心的关中地区还出现了颇具地域特色的佛道合刻造像碑，即在同一块造像碑上雕刻佛教和道教神祇，反映出当时佛、道教信仰在民间相激相生的面貌。自李唐王朝以后，道教在皇室的推崇下得到了很大的发展，道教造像也渐渐形成自己独特的制作模式和艺术风格。西安碑林所藏的一尊来自华清池的唐代老君像，通体以汉白玉雕造，高大精美，是唐代道教造像中的佼佼者。

# 和平二年造像

　　这尊北魏时期的佛坐像是一尊释迦像，1974年于西安市西关王家巷出土，通高63.5厘米、宽38厘米。

　　佛像为波浪式发髻，双耳垂肩，面容丰圆，双眼微眇，表情静谧、安详，偏袒右肩，双手残损，似结禅定印，衣纹细致而密集，结跏趺坐于方形佛座上。佛像后为雕饰精美的舟形背光，由外向内依次雕刻涡状纹、飞天、火焰纹等，圆形项光中又雕饰莲瓣纹和小化佛。背光纹饰的精细繁缛与主尊的简洁凝练形成了鲜明的对比，更加反衬了佛的沉稳和恬静。佛的左右各雕刻着一尊菩萨立像。左侧菩萨手捧宝珠，立于莲花座之上。右侧菩萨手举麈尾，做拂尘状。

　　这尊佛像的背面，以浅浮雕的手法雕刻着佛本生和佛本行故事画。画面布局井然有序、和谐生动，显然是吸收了汉代画像石的形式，可见北魏工匠已将画像石的艺术传统融入佛教造像之中。

　　佛像背面可分作上下两部分。上半部分为礼菩萨图。正中雕刻弥勒菩萨像，其头戴花蔓冠，袒上身，下着裙，双手交叠于胸前，交脚坐于束帛座上，座位左右各有一只狮子。其下方刻有众听法天人和供养菩萨。图中表现的应该是降生之前的释迦牟尼，此时菩萨在兜率天宫说法，以等待时机降生。画面左下侧有一屋，屋内有一人卧床，应是摩耶夫人梦见菩萨乘六牙白象入胎的情景。

　　佛像背面下半部分三层，每层有若干画面，并刻有榜题，依时间先后应为"太子生时""太子生堕地行七步时""九龙浴太子时""阿夷相时""王夫人身时"

和平二年造像（正面）

和平二年造像（背面）

"婆罗门八人乞得白象乘去时""诣太子宫门象时"等。其中，"婆罗门八人乞得白象乘去时"的佛本生故事，是其他单体造像上少见的内容。

画面"太子生时"位于第一层最右端。画面右侧刻一树，即菩提树。摩耶夫人举起右手攀摘树枝，太子从夫人右胁下诞生。夫人左边有侍女一人，右边一天人跪下做接托状，有头光和帔帛，等待着承接菩萨身。刚出生的太子为有举身背光的立佛形象，位于摩耶夫人右胁下。

再左侧为"太子生堕地行七步时"。画面中，太子为立像，一手指天，一手叉腰（似指地）。玄奘《大唐西域记》卷六载："菩萨生已，不扶而行。于四方各七步而自言曰：'天上天下，唯我独尊。今兹而往，生分已尽。'随足所蹈，出大莲花。"

再左侧为"九龙浴太子时"。画面中，太子正身而立，头上有九条龙，左右各有一天人。释僧祐《释迦谱·普曜经》云："尔时菩萨从右胁生……天帝释梵雨杂名香，九龙在上，而下香水，洗浴菩萨。"画面表现的正是这样一个场景。

再左侧为"阿夷相时"。画面左端刻一人，双手捧太子，做观察状，当即阿私陀相师。右有三人捧花，二跪一立。据《修行本起经》和《佛本行集经》等典籍载，太子降生后，婆罗门相师阿私陀来到王宫为太子占相，他预卜道：若在家者做转轮圣王，出家者当成等正觉、广济天人。

第二层描绘了两个故事。左侧为"王夫人身时"。画面中，太子为立佛像，举身背光，双手合于胸前做请求状，左有一长发跪拜者，右有三位持花者，当即王夫人。右侧为"婆罗门八人乞得白象乘去时"。画面中，七名婆罗门乘象向左而行。题为"八人"，实为七人，推测可能是位置不够未刻。

最后一层一横排刻有八个婆罗门人物，他们低首屈腿，面向右侧，其最右端为太子牵一象。榜题为"诣太子宫门象时"。

这尊造像背面的下半部分都是关于释迦牟尼出家前的事迹。因此，可以说整个造像从前到后、从上到下表现的是一个完整的构思。

这件造像的背面残留有题记"□平二年"，曾经被认为是永平二年（509）造。研究者通过对佛像的时代特点进行研究后，确定它应该为和平二年（461）造，从而有了现在的定名。

# ▍皇兴造像

　　皇兴造像雕凿于北魏献文帝皇兴五年（471），1949年于陕西省兴平县出土，高87厘米、宽55厘米。这尊造像体量不算大，但经过工匠们的巧妙设计和精雕细刻，周身散发出磅礴的艺术气息。

　　皇兴造像与和平二年造像在形式上十分相似。造像正面以圆雕表现主尊弥勒佛。其交脚而坐，双手交叠置于胸前，头饰波纹高肉髻，面相丰满，隆鼻厚唇，身着通肩式袈裟，衣纹厚重交叠。主尊身后衬托以宽大、华美的舟形背光。背光正面雕刻有莲瓣纹、火焰纹、忍冬纹及小化佛等图案，它们井然有序地布满整个背板。佛之双足由一天人托举，表现的应是帝释天擎弥勒双足从兜率天宫降生。

　　背光背面遍布一幅幅佛画。这是工匠采用减地平雕的技法，呈现出的版画般的佛国世界。这一系列"连环画"用界格分隔，每一格都表现了不同的主题，包括九龙灌顶、树下思维、太子降生、阿夷占相、乘象入胎、礼佛图、七宝图、一种七获等内容，连贯起来讲述了弥勒佛诞生前后的故事，也就是佛本生和佛本行的故事。

　　佛画底端还雕刻有20行题记，记录着出资人雕造这尊精美佛像的时间和缘由。文字已有损泐而无法通读，但大致可了解像主的心愿。铭文记"遂于大代皇兴……／次辛亥为亡父母并……""皇兴辛亥"即北魏献文帝皇兴五年。由铭文可知，这是一尊为往生父母所造的佛像，寄托着子女们希冀父母在极乐世界得到永生的美好愿望。题记的书法可能只是出自造像雕凿者的顺带之作，带有一种朴

皇兴造像（正面）

皇兴造像（背面）

实无华的乡土气息。

　　单尊佛造像完成后通常被放置于寺院中,带着像主的寄托由人们供奉和膜拜。千百年后的今天, 脱离了当年肃穆的佛寺环境和浓重的宗教氛围, 我们依然能从这精雕细刻中品出一片虔诚和敬畏之心。这就是一件艺术作品的灵魂吧, 倾注了工匠们的精神信念, 而不只是凭借苍白的技艺创造出的"不朽"。

# 景明二年四面造像

　　这件刻于北魏景明二年（501）的石雕造像，是一件具有南北朝时期佛教造像艺术风格的代表性作品。造像高 58 厘米、宽 58 厘米、厚 58 厘米，1949 年于西安市查家寨出土，1953 年入藏西安碑林。

　　这尊造像是一种四面雕刻的龛形造像，属于小型纪念碑，一般竖立在庙宇及公共场所。造像四面各开一龛，龛中主尊均为一佛二菩萨。其以有发愿文字的一面造像为第一面，按顺时针方向排序，依次为第二面、第三面和第四面。

　　第一面：龛中主尊结跏趺坐，施禅定印，波状髻，着偏袒衣，佛下方有双狮和力士承托。龛楣及两侧均开小龛。龛楣为四小龛，每龛各有三尊坐佛。左右两侧各五龛，每龛各有两尊坐佛。左右角为护法狮。在正面的佛座下方有"景明二年岁次"等发愿文。

　　第二面：主龛佛像结跏趺坐，施说法印，着通肩袈裟，发髻亦为波状。佛座为中部略向内收的方形。背光纹饰有火焰纹、联珠纹、化佛和莲瓣纹。二胁侍菩萨双手捧莲花，着宽袖对襟长裙，立于莲花座之上，座下有力士。龛楣及左、右边沿均刻单尊小坐佛，龛下为力士和天王。

　　第三面：龛中主像施说法印和与愿印，着下垂交领衣。龛内背光之上有飞天，座下有两只狮子。龛外左右两侧亦为单尊坐佛，坐佛之下各有一力士，右侧力士左手持金刚杵。尖拱形龛楣上刻有十五尊小佛。主龛之下为供养人的形象。值得

景明二年四面造像之第一面

一提的是，主尊的发型为螺发，这在当时是十分少见的。波状发起源于中亚的犍陀罗地区，受到古希腊、罗马造像的影响所致，而螺发起源于印度本土。这样两种风格出现在同一造像中，反映出了当时各种文化相互融合的时代背景。

第四面：主龛的坐佛和菩萨与第二面相同，唯一不同的是，佛座下方两边各刻一位礼佛袈裟的信徒，做跪拜状。龛下的托座力士旁边各有一天神。右天神为

景明二年四面造像之第二面

雷神，四周围绕一圈小圆鼓，做击鼓状。左天神为风神，扛一风袋，做吹风状。
雷神和风神均为我国民间的传统形象。特别在北朝时，他们均被作为佛教的护
法神。

　　造像四面的整体格局相似，但龛边的装饰各异，佛与菩萨的衣饰、姿态和其
他配置图像也不尽相同，这些使得整尊造像浑然一体又富有变化。四面的佛像各

景明二年四面造像之第三面

具神采，有的慈祥和蔼，有的镇定自若，尽显工匠雕工精细、刀法流利、刻画细腻的技艺。再看四尊佛的衣纹处理也不尽相同，但都刻画得凹凸分明、富有质感，在相像中求变化，显示出工匠的精湛技艺。于龛楣和两侧刻以千佛的表现形式，在北魏时期比较流行，常见于同一时期开凿的石窟中。工匠将这种雕刻风格从石窟移到单体的佛像石碑上，可以说是对石窟艺术的一种缩小，如同盆景一

景明二年四面造像之第四面

般，可以由小见大，从小中见其精美。

  景明年间，即北魏孝文帝建都洛阳后不久，北魏中心的南迁给长安的佛教带来了新的发展机遇，长安的佛教造像骤然增多。这件景明二年四面造像是其中的代表性作品。造像四面的题材相同但处理手法各异，并与当时的审美情趣巧妙地结合在一起。此外，加入了中国民间的传统图像，反映了当时长安地区两种艺术风格交替、共存的和谐景象。

# 刘保生无量寿佛造像·刘保生夫妇弥勒造像

北魏时期，佛教在北方城镇和乡野传布，信徒的队伍迅速壮大，上至皇室贵族，下到平民百姓，都慷慨资助雕凿佛像，并祈愿供养。造像的技艺在信仰的激励下得到了快速发展，即便是民间匠人的作品，其水准也堪称精良。

西安碑林博物馆收藏了两尊均由供养人刘保生出资雕凿的造像——刘保生无量寿佛造像和刘保生夫妇弥勒造像，我们足可以从中看出当时民间工匠们的高超技艺。而且，由同一位供养人出资为其亡故的父母和夭折的女儿雕凿的这两尊造像，在一千五百余年后相遇在同一家博物馆内，这一份历史的机缘，让我们在欣赏它们优美造型的同时，也从中感受到一位佛教信徒的拳拳孝心和浓浓父爱。

## 刘保生无量寿佛造像

这两尊造像都采用了北魏时期非常流行的背屏式造型手法。刘保生无量寿佛造像高 48 厘米、宽 33 厘米，略小于弥勒像。这件造像雕刻于景明三年（502），沙石质地。尖拱形背光的正面采用高浮雕技法雕凿坐佛一尊，其结跏趺坐，双手相叠，轻放于腹前，施禅定印。佛像面容中流露出平和、静谧的神情，恰好与禅定的手印和坐姿相配合。佛身着圆领通肩袈裟，宽大的衣袖及袈裟下摆层层垂落，覆盖住整个台座。平行线分布的衣褶、几何形翻卷的衣角，都呈现出这一时期对称而规矩的雕刻风格。左、右座下各蹲坐一只护法狮。背光之上浮雕火焰纹、化

刘保生无量寿佛造像（正面）

景明三年歲次徏辰三月一王朔
上白二久弟子劉保生一為上
久母見存春屬部造无量
壽佛石像二區願緣此福久母
神生天上帝值佛間法神果妙
康應鍾飞此与大天眾生等咸喜提

刘保生无量寿佛造像（背面）

佛、莲瓣纹等纹样。

背光的反面镌刻六行题记，曰："景明三年岁次壬辰四月丁丑朔/十一日丁亥，弟子刘保生为亡/父母、见存眷属，敬造无量/寿佛石像一区，愿缘此福，父母/神升天上，常值佛闻法……"从题记中，我们可以了解造像的雕凿时间和原委。那是在北魏景明三年，一位名叫刘保生的佛教信徒，为了给自己逝去的父母及健在的家眷祈福，出资雕凿了这尊精巧的无量寿佛，祈愿父母能够升入天堂，聆听佛法。如果没有这一段文字，这尊石雕佛像就与其他 6 世纪左右的佛教造像并无二致。题记明确地指出了佛像的身份——无量寿佛，也就是我们后来常见的阿弥陀佛。前者为梵文意译，后者为音译。大约在隋唐以前，信徒们多使用"无量寿"这一名称，强调佛的寿命无量。

在佛教传入中国的前期，信徒们所信奉的主尊与当时高僧们翻译和宣讲的佛教教义有很大关联。6 世纪左右，最流行的信仰当属释迦牟尼、弥勒佛等，无量寿佛信仰那时正处于发展中。当时，关于无量寿佛的几部主要经典已经传入我国，并被翻译成汉文。在佛典中，无量寿佛是西方极乐世界的教主，那片由他掌管的佛土在经文中被描绘得如同世外桃源般美好。从此，西方极乐世界成了越来越多的信徒们心目中最理想的归宿地。

刘保生为逝去的父母出资雕凿的这一尊无量寿佛，流露出一位孝子希望父母往生佛国的心愿。


## 刘保生夫妇弥勒造像

这件弥勒佛造像同样由刘保生出资供养，其造型风格与景明三年刘保生无量寿佛造像非常相似，很可能出自同一批工匠之手，雕凿的时间也应该相去不远。

这尊造像高 108 厘米、宽 54 厘米，为沙石质地，采用浮雕手法雕凿而成。主尊雕刻的就是弥勒佛。其表情肃穆端庄，双手交叉，右掌向前，两腿向下做交脚状，服饰和坐垫线条密布。两边刻胁侍二菩萨，面容柔和俊丽，其下雕有护法狮。弥勒佛头部后有背光，其上浮雕 11 尊小坐佛和若干闻法弟子。底座中浮雕手持莲蕾的供养者站在香炉两侧。供养者两侧刻有铭文，记为"清信士刘保生，清信

刘保生夫妇弥勒造像（正面）

女王媚姜，为亡女英洛造石弥勒像一区，并有奉养"。说明造像者为刘保生夫妇。香炉旁雕刻的供养者推测也应该是刘保生夫妇。

弥勒佛是魏晋南北朝时期相当流行的造像题材。当时，烽烟遍地，战乱连年，饱受疾苦的老百姓都渴望着太平盛世能早日来临，尤其对于那位将来生于龙华树下成等正觉的弥勒，更是希冀其能早日实现娑婆说法以普度众生。因此，在这南北政局对峙之际，弥勒造像之盛，实不亚于释迦、弥陀等。而刘保生夫妇在失去女儿的悲恸中，唯有将对亡女的祝福寄托于这一尊石雕弥勒中。

西安碑林收藏的这两尊刘保生造像，一尊为故去父母而造，一尊为亡女祈福而造，所供养的尊像是当时流行的无量寿佛和弥勒佛。从中我们可以看到，6世纪前后，众多普通百姓对佛教的虔诚，以及他们在信仰中所寄予的最朴素的心愿。

这两尊造像的样式在6世纪左右的中原王朝最为盛行。佛像穿着的圆领通肩佛衣，源自佛教发源地印度犍陀罗，它的原型可能是希腊、罗马雕塑中的通肩大衣。佛衣的衣褶显得繁密交叠，呈现出毛料特有的厚重质感。除此之外，佛像的发髻由涡纹塑造而成，尤其是刘保生夫妇为小女儿雕凿的弥勒佛像上清晰可见的波浪状发丝，它们正是希腊雕塑中的波浪式卷发被犍陀罗佛像吸收后又传播至我国而产生的造型。

# 田良宽造像碑

北魏时期是中国佛教艺术发展史上的第一个高峰。作为入主中原的游牧民族政权，北魏统治者意识到要想在这片广袤的大地上，将胡汉杂糅的新老居民凝聚在一起，信仰的力量必不可少，而西来的佛教满足了他们的诉求。在中外高僧的协助下，北魏皇室先后在两座都城营建了举世瞩目的云冈石窟和龙门石窟。随着佛教信仰在乡间田野传播蔓延，没有条件开窟造像的普通信众，开创性地将佛龛和发愿文雕刻于中国传统的石碑之上，并冠以"碑像""像碑"或"造像碑"等名称。这种特殊的石碑在 5～6 世纪的北方城镇和乡村尤为盛行，往往被放置于通衢大道旁，或屹立在佛寺院落中，供人们礼拜。在信众们的眼中，它们就是凝聚于方碑上的石窟。有学者说："这些造像碑在中国艺术中的地位与罗马式教堂中雕像的地位相同：它们都富有表现力，表达虔诚的宗教信仰。"时至今日，这些将石雕和书法艺术集于一身的创作，仍然能带给观者无限的感动。

这方田良宽造像碑的碑首和碑座都已佚失，其高 157 厘米、宽约 44 厘米、厚约 32 厘米。铭文中没有留下纪年，从造像风格推测，应雕刻于北魏正始至延昌年间（504—515）。石碑四面造像，佛像和道像各占两面。发愿文中详细记录下出资造像的四十五人的姓名，田良宽为其首，因此又称此碑为"邑子四十五人造像碑"。这说明，造像碑的赞助者是一个由四十五人组成的民间信仰团体，成员中既包含佛教的信徒，又有道教的崇信者。一方小小的石碑之后，呈现出的是一片西来之佛教与本土的道教相激相生的风貌。有着不同信仰的人们可以共同生活于同一个村庄中，甚至同一个家族内，这是五六世纪关中地区的一派特殊景象。

《田良宽造像碑》的碑阳和左侧面雕刻道像。碑阳上部开一屋形主龛，屋檐下雕刻层层帷帐，龛内采用高浮雕法雕凿道教三尊像。龛下线刻一座香炉，香炉旁为一供养人像，题"田良宽"三字。碑阳下部线刻供养人像五层，各有题名。《田良宽造像碑》的碑阴和右侧面雕刻佛像。碑阴的主龛内有佛像三尊，主尊结跏趺坐，高肉髻，穿对领衣，手施无畏印和与愿印，左右各立一胁侍菩萨。碑阴下部线刻供养人三层，题名为佛弟子多人。

从这方造像碑中我们可以看出，工匠在坚硬的石头上，以不同的雕刻技法，呈现出主次分明、富有空间感的内容。例如，用近乎圆雕的立体模式来表现最高级的神——佛像或道像，用中国传统的平面和线性模式描绘供养人，以阴线刻表现文字内容。那些题记和发愿文并非出自书法名家之手，字体显得粗率拙朴，却有几分不墨守成规的肆意洒脱。笔画线条潇洒地舒展着，细观之下又不全是肆无忌惮的放纵，起承转合处往往能感受到力透纸背的顿挫感，从而形成一个个尖锐、锋利的三角形笔锋。这种拙趣盎然的风格，当是对魏碑的民间演绎。

田良宽造像碑（左侧面）

田良宽造像碑（碑阳）

# ┃邑子六十人造像碑

　　北魏初年，民间为了宗教信仰共同造像，盛行一种一族一村的宗教组织，叫作"义邑"。后来，这个组织逐渐发展，还兼及修建窟院、举行斋会、写字诵经等事。其首领称邑主、邑长、法义主等，成员称邑子、邑义、邑徒等。在少则数人、多则几百人的参与建造造像碑的活动中，他们因共同的信仰走到一起。生活在同一地域的人们，忽略了信佛崇道的宗教信仰分歧，无视上层社会经常发生的

邑子六十人造像碑（碑阴局部）

邑子六十人造像碑（碑阳局部）

激烈的"佛道之争"，在祈福致祥的共同愿望下，共同刊刻碑石。

《邑子六十人造像碑》雕凿于北魏熙平二年（517），1960年于陕西富平县小学出土。此碑高198厘米、宽22厘米、厚44.5厘米，四面造像，佛、道各两面，每面各开一龛。

碑阳主龛凿坐佛像，施无畏印和与愿印，高肉髻，刻波浪纹，左右各一胁侍菩萨。龛下左右各刻一护法狮，左狮背上有一胡人骑乘。龛楣为圆拱形，上有尖拱形火焰纹。龛下为四排供养人的形象，榜题上大部分为吕姓。

碑阴造像为道像，天尊头戴道冠，着交领束腰长袍，左手抚膝似施与愿印，右手执扇于胸前，长须垂胸，左右各立一位戴冠的胁侍真人。龛下刻有两狮子，狮背上有胡人骑乘。圆形拱龛楣上刻"屋"字形花纹。龛侧刻有"邑氏李元安"

邑子六十人造像碑（碑阴局部）

的形象及榜题。龛下刻五排供养人，有"但官""邑老""侍者""典录"等职。邑子以吕姓居多。

　　碑右侧上部开一龛，刻交脚菩萨像，中间供养人有吕、胡、李等姓。下部为长篇发愿文："夫至道空玄，非邑言天，以……邑子六十人……石像一躯……熙平二年岁次于丁酉五月……"计9行，共200字。碑左侧开一方形龛，刻道像一尊。其头戴道冠，着交领束腰衣，双手合于腹前，长须下垂，双耳至肩。龛楣为屋形。龛下为供养人，计有"道士吕阳□""邑子吕叔与""道士丑奴""辅国将军武都太守李元安"等。

　　这方造像碑的特点是，碑阳、碑阴各为佛、道像，两侧亦为佛、道像，平均分配。佛教徒以比丘和弟子称，道教徒以道士和邑师称，一般供养人则统

邑子六十人造像碑（碑阳）

称为邑子，不分佛、道。从姓名来看，此造像碑是一通以吕氏家族为主的造像碑。在这个家族中，信仰佛教、道教的信徒都有。这种佛、道合刻的造像碑，是陕西关中地区造像碑的特色，体现了佛、道交融共存的状态。造像的风格也比较特别，佛像、道像的头部长，佛龛为火焰纹，道龛为屋形，道像样式与佛像十分接近。供养人形象清瘦，汉化特征很明显，应当是北魏迁都洛阳后受南朝文化的影响所致。

邑子六十人造像碑（碑阴）

# 茹氏一百人造像碑

茹氏一百人造像碑为北魏正光三年（522）所造，是四面造像，高 153 厘米、宽 77 厘米、厚 20 厘米。

碑阳上部为圆形龛。龛内造像头戴道冠，着双领交襟袍，右手执扇，左手施与愿印，下颚留有长须，神情严肃端庄。龛外两侧各立一胁侍。龛楣内刻有卷叶瑞草，两侧阴刻飞天。龛上部刻有舞动交缠的游龙，其间刻有鹰、兔、羊等动物纹饰。龛左、右上部的圆轮内分别雕刻着蟾蜍、金乌的形象，分别代表月亮和太阳。龛下有香炉，香炉两侧及下部刻有供养人，在供养人的旁边刻有榜题。

绕至碑的阴面可以看到，碑阴开盝顶龛，下挂帷帐，龛内雕有菩萨坐于大象背上。菩萨头戴花冠，着双领窄袖衣裙，双手紧握牵象缰绳，腰束宽带，衣带下垂着地，下着裤，裸足踏于山岩上。两胁侍均已残缺不全。龛左上刻一鹦鹉，下刻一公鸡。龛右上刻一凤凰，羽毛刻画得十分丰满，像是马上要振翅高飞。龛两侧各雕刻一甬钟。龛下刻有五排供养人。

碑左侧为圆拱龛。龛内刻天尊，身着交襟道袍，宽带束腰，下为魏碑体发愿文。碑右侧为尖拱龛，龛楣饰火焰纹。龛内跌坐一佛，身着双领下垂袈裟，右手施无畏印。佛像下雕两兽，一做走动状，一伏于地，民间色彩浓郁。其下也雕刻着五排供养人。

造像碑左侧刻有发愿文，内容为"龙华三会，愿□道□正觉""夫大道洪远，非常情所徵，真觉体形，非□□□，老子诞生于西境，如应现于室"等。从中我

们可以了解到，这是一块佛、道并存的造像碑，一方面宣扬抑佛扬道的"老子化胡"说，同时又有佛教弥勒龙华三会的内容，反映了北朝时期关中地区佛、道二教既相互斗争又兼容并存的社会现状。

茹氏一百人造像碑（碑阳）

茹氏一百人造像碑（碑阴）

# 朱黑奴造像碑

　　这件造像碑 1959 年于陕西华县瓜坡镇支家村出土，为四面造像。同批出土的还有西安碑林博物馆收藏的《朱奇兄弟造像碑》《朱辅伯造像碑》和《朱法耀造像碑》等。这件四面造像共雕大小佛、菩萨近百尊。阴阳两面均做三层大龛，主像为一佛二菩萨二比丘或一佛二菩萨组合。龛楣做尖拱形，以火焰纹做装饰。佛像均为高肉髻，着双领下垂式袈裟，宽大的衣裙下摆层层相叠，悬垂于佛座下，衣褶繁复细密，形成北魏晚期独具特色的"悬裳座"。佛像面相消瘦秀丽，双眉弯如新月，眼角细长。这就是这一时期所流行的"秀骨清像"的佛像造型。菩萨面相多如佛，装饰绚丽，富于变化。四周小佛均为龛式坐像。造像下部线刻供养人像和发愿文，因其中有"像主朱黑奴"等供养人题名的楷书字迹，故名"朱黑奴造像碑"。整个造像布局合理、构图和谐，应属于北魏晚期的作品。

　　"秀骨清像"原是张彦远在《历代名画记》中，形容南朝画家陆探微的绘画风格的，文曰："陆公参灵酌妙，动与神会，笔迹劲利，如锥刀焉。秀骨清像，似觉生动。"当时其多指宗教人物画表现出来的面目清秀、棱角分明的艺术特点。这种艺术风格很快在北魏的佛教石窟和鎏金铜像作品中显现出来，成为当时佛教造像的基本特征和风格。据说，魏晋时期的美男名士，追求的也是一种清秀瘦削、修身细腰的形象，由此可以看出"秀骨清像"也是当时社会的普遍审美需求。

朱黑奴造像碑

# 交脚弥勒造像龛

　　这尊造像龛 1983 年于西安西稍门空军电信工程学院一处窖藏内出土，通高 38 厘米、宽 30 厘米。同时出土的还有 31 件隋唐时期的佛像及菩萨头像。根据文献记载推断，其出土地应属唐长安城金城坊乐善尼寺的范围。此寺原名舍卫寺，是隋开皇六年（586）尉迟迥孙太尉为其祖所立，唐中宗李显景龙元年（707）改为温国寺，以后又改为乐善尼寺。推测这尊造像原供奉于寺内，唐武宗灭佛时，由寺内僧人秘密埋入地下窖藏保护。

　　佛龛像整体呈尖拱状，正面开龛造像。中间龛中主尊弥勒，束发戴宝冠，面相方圆，细长眉，眼微睁，嘴角上翘，微含笑意。弥勒做菩萨装束，袒上身，佩项圈，璎珞横于腹前，两手相叠于胸前，双腿交叉呈交脚姿态。背后有舟形背光，其上雕饰有化佛和火焰纹。弥勒左右两侧各有一尊呈半跏趺坐的思维菩萨，其一手托着下巴，一手扶着膝盖，坐于束帛座上。左右思维菩萨旁又各雕一胁侍菩萨。四菩萨头部上方雕四身飞天，身体呈现"U"形，姿态稍有笨拙之感。龛楣装饰独特，左右两侧各雕三跪拜供养人像，中间夹一飞天。供养人均做五体投地状，意态虔诚。龛像上层和下层也雕刻有小佛龛多处。其中，龛像下层中间有一大龛，内雕释迦、多宝二佛并坐像，一施禅定印，一施说法印，均着右袒袈裟，结跏趺坐于龛内。这种题材简称"二佛并坐"，也是北魏早期开始流行的题材。在莫高窟、炳灵寺石窟、云冈石窟的早期造像中，都有这样的形象。龛侧面各浮雕有巨龙和展翅飞翔的凤鸟。造像龛碑阴浮雕精美的佛本生和佛本行故事画面。

交脚弥勒造像龛（正面）

交脚弥勒造像龛（背面）

　　自北魏以来，单体佛像中凡有背光者，都比较注重对背光装饰图案的美化。早期以正面刻化佛及火焰纹、唐草纹等，背面以佛陀树下诞生九龙灌顶等分层佛传故事图为主。这件石刻作品虽为龛形造像，但依然在佛龛背面运用了这种雕刻手法。这种装饰之美，充分体现了制作者的创作心态和审美情趣。

# 北周五佛

2004 年 5 月，陕西省西安市灞桥区湾子村发现了距今一千四百多年的北周时期（557—581）的五尊大型佛立像和四件莲花狮子佛座。这五尊巨型佛像和四件莲花狮子佛座，是西安灞桥区湾子村一处砖厂的工人用推土机取土时，意外发现的。它们埋藏于靠近山崖边的一处窖穴中，穴口东西长 3.8 米、南北宽 2.9 米、深约 4 米。

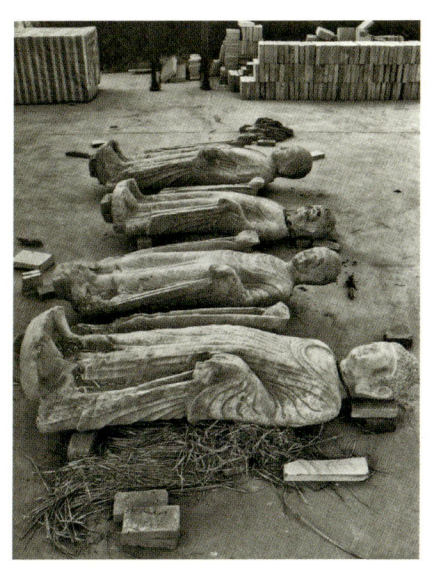

北周五佛发掘现场老照片

北周五佛征集现场（湾子村）老照片

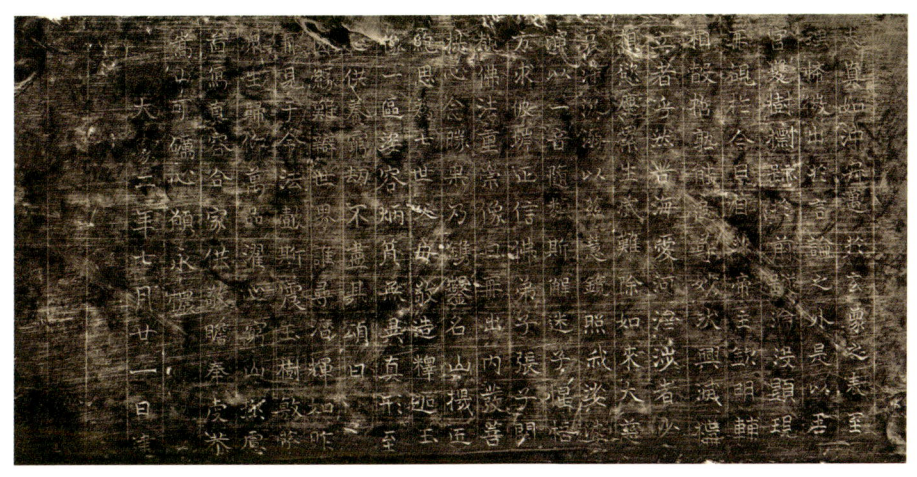

北周五佛之五发愿文

五尊佛像中，四尊佛像呈立姿埋于土中，一尊佛像头向下扑于穴底。这五尊佛像和四件佛座安放有序，保存完好，数量集中。据学者推测，应该是出于某种目的的窖藏。因为其中一尊佛座上刻有"张子闻睹佛法，敬造释迦玉像"的发愿文，并有北周大象二年（580）的纪年，由此为这批造像提供了明确的断代依据。这批北周大型佛教单体造像的出土，是中国佛教考古史上的一次重大发现。

五尊立佛形体高大，连座高度均在 2 米以上，应为当时皇家寺院所供奉的造像。这些佛像一改北魏的清秀面貌，变为丰颊方颐、体态壮硕、螺髻低平、腹部微鼓的造型，具有北周佛像的典型特点。从造像样式上看，五尊立佛可分为两个系统。一类为内着右衽僧祇支、外着双领下垂式袈裟的佛像。这是对北魏孝文帝中后期开始流行的汉化式"秀骨清像"佛像的延续。但在造型上改变了"长脸细颈，面相清癯"的面貌，使体态更加健硕、敦实。例如，北周五佛之四的释迦佛，高 216 厘米，佛像身材高大健硕，内着袒右僧祇支，腰束带且于中间打结，垂于外层宽大的"褒衣博带"式袈裟之上。另一类佛像身着通肩式大衣，袈裟轻薄贴体，衣纹简练，凸现出健硕的躯体轮廓，具有"曹衣出水"式

北周五佛之四（局部）

北周五佛之二（局部）

佛像的风范。此类为新出现的具有笈多佛像秣菟罗样式特点的佛像类型。例如，北周五佛之五的张子造释迦立像，通高238厘米，身着通肩袈裟，跣足立于复瓣仰莲上，在佛体胸腹和双腿雕刻数道平行"U"形纹，以示袈裟的襞褶，同时也显出佛衣的轻柔贴体。佛座为四方形基座，上雕复瓣覆莲。基座正面两角各有一蹲狮，背面两角各雕一只相向而立的大象。特别是基座正面刻长篇发愿文，文中有"大象二年七月廿一日建"的纪年。这两个系统基本代表了北周时期长安佛教造像的主要类型。五尊立佛均为右手施无畏印、左手牵握衣角的姿态。这种在犍陀罗佛像中常见的印相，在其他地区非常罕见，成为北周长安佛像的典型样式。这批佛像的雕刻技法，在继承北魏直平刀法的基础上，又结合了圆刀法，如表现衣褶时使造像衣纹线条圆润自然。特别是北周五佛之五的佛立像的衣褶，已经采用了向下凹入的圆刀法及中凹边高的技法，使衣纹更加舒展流畅，开唐代的新型佛像之先河。

北周王朝建都长安，立国虽只有短短二十五年，但在中国佛教发展史上，留下了重要的印记。北周中前期，因统治者的信奉和提倡，佛教盛极一时。在佛教蓬勃发展的同时，也产生了许多严重的社会问题。因寺院经济强盛，其与统治者之间的矛盾日益尖锐。北周建德三年（574），周武帝下令罢黜佛教，从而在国内掀起了一场声势浩大的灭佛运动。在这次运动中，佛教全部被毁，寺庙被收为国有，僧侣被勒令还俗。这就是中国历史上著名的"三武灭佛"之一。从当时来看，周武帝的灭佛运动对社会发展所起的作用是利大于弊的。这次运动使得国力大大增强，为灭齐奠定了坚实的基础。

目前发现的大型立佛数量很少，有明确纪年的更少。所以，这五尊立佛弥足珍贵，对研究北周佛教造像艺术具有重要的价值。

北周五佛之一

北周五佛之二

北周五佛之三

北周五佛之四（释迦佛）

北周五佛之五（张子造释迦立像）

# 北周观音菩萨立像

这尊北周时期的观音菩萨像 2004 年出土于西安市未央区岗家寨，高 266 厘米、宽 82 厘米、底座高 57 厘米。它是一件具有代表性的北周观音菩萨立像。佛像面相丰润，神情平和，头戴宝冠，宝缯下垂至肩；遍身装饰着美丽的璎珞，像丝带一般深垂至膝下，非常华美；右臂残断，左手弯曲，双脚踏于莲花台之上。

北周造像已经完全摆脱了魏晋时期肢体僵硬的清瘦型风格，逐渐转变成为面丰肩圆、颔首挺胸的圆润饱满型。可以说，"上承北魏秀骨清像余韵，下开隋唐丰满圆润先河"。从艺术造型风格上讲，北周观世音菩萨造像以传神为主，力求形神兼备。菩萨全身肌肤润泽，体态丰盈、匀称，给人以珠圆玉润的感觉。制作者既注重整体的刻画，也注意细节的处理。脸部和上身刻画得细致温润，衣褶则流畅、柔软，又略显厚重，处理得真实、自然，又恰到好处。在亭亭玉立的神像下，又配以厚重的莲花座，衬托出菩萨像庄严肃穆、高洁谦和的神情，从而准确地表现出人们对这尊菩萨的情感和愿望、诉求和理想。

对于中国多数佛教信徒来说，观世音菩萨始终是一位美丽端庄、大慈大悲、普度众生的佛教女神。这尊北周观世音菩萨像也是如此雕刻的。在佛教的发源地印度，观世音菩萨却是一位男性神。中国净土宗流播开以后，极乐世界的第二大神、大慈大悲的观世音菩萨受到了广泛崇拜。这时，在以母性象征慈悲的中华大地，人们希望能有一尊平和、温柔、慈祥、仁爱的慈悲女菩萨，来为他们宽心解忧、消灾弥难。为了满足世俗的需要，在中原地区，观世音逐渐由男身变为女身。

其实，观世音本就有三十三化身之说，其中就有一些女身。为弘法、说法需要，他时常变换性别、变换各种身份。渐渐地，观音不再亦男亦女，而是被固定为一位美丽的东方女神。这一改变深受民众的欢迎。我国寺院中的观世音塑像也常作女像，就是因为女像慈善可亲、外貌秀美，容易与众生接近，并能令人产生可亲可敬之感。观世音女像始于南北朝时期，盛行于隋唐以后。

北周观音菩萨立像

# 建崇寺造像碑

　　因长期处于战争状态，北周下层人民的生活贫困潦倒，无情的战火又使得百姓骨肉分离，加之土地贫瘠，粮食供应不能自给自足，北周百姓的生活可谓水深火热。对现实生活的失望，使得人们对宗教的向往更甚，宗教信仰成为他们的精

建崇寺造像碑（局部）

神寄托，从而促发了佛教造像的大量产生。北周是继北魏之后，造像碑数量最多的朝代。北周时期的造像碑，主要分布在以长安为中心的渭河流域。这里是北周军事贵族的主要居住地，出现了造像碑发展的新高峰。

《建崇寺造像碑》雕刻于北周时期，因碑首刻有"建崇寺"三字而得名。造像碑为沙石质，高111厘米、宽50厘米、厚10厘米。清光绪十四年（1888）出土于甘肃省秦安县城以南十里的郑家川，1954年入藏西安碑林。该碑由碑首和碑身两部分组成。碑首阳面刻有四条相互缠绕的蟠螭。碑额中下部开小龛，内雕一佛。佛像发髻扁平，面相丰颐，身披袈裟，结跏趺坐于方形台座上，袈裟自然垂落于台座前。碑阴上部开龛造佛，龛内为一佛二比丘二菩萨组合。佛双目微闭，着"褒衣博带"式袈裟，右手施无畏印，左手下垂，手执袈裟一角坐于莲台之上。二比丘立于佛两侧。二菩萨头戴宝冠，面容安详，手执莲蕾，立于佛身旁。龛下部刻有发愿文。通过发愿文我们可以知道，这座造像碑刻立于北周建德三年（574）。

从这座造像碑，我们可以看出北周时期作品的特征。这一时期塑造的佛像肉髻低平、颈短肩宽、面相丰满、体态壮硕、衣纹较为宽舒，与北魏时期的面相清瘦、高肉髻及衣纹紧密的造像风格有明显的差异。此外，螭首的制作比前朝更为生动，已开始向唐代之后愈加高大华美的浮雕蟠螭碑首过渡。

建崇寺造像碑（碑阴）

# 北周白石蹲狮

　　蹲狮也是佛教造像中常见的题材与内容。这件蹲狮 1955 年出土于西安市西北郊，通高 25.3 厘米、座长 20.7 厘米、宽 14.6 厘米。它取狮子蹲卧姿态，以白石材料雕刻而成。这件蹲狮尽管体积较小，但是雕刻细致入微、手法写实传神，实为南北朝时期一件难得的艺术珍品。

　　蹲狮被雕凿在一块长方形的石座上。石座后部右角及狮子的两耳有伤残，其余部分都比较完整。这尊狮子塑造得非常生动，它怒目圆睁、张嘴露齿、舌尖上翘、鼻孔大张，好像时刻准备着扑食眼前的猎物。特别是狮子的四肢结实而富有力量，后腿肌肉突起，蹲坐于地，前肢筋骨分明、趾爪尖利，表现出狮子特有的威严与凶猛。还有狮子颈部的鬃毛，一束束地卷起，富于动感，具有很好的装饰效果。

　　这件石狮的体量较小，不应是置于陵墓前的石刻，也不应是墓葬中的镇墓辟邪之物。从造型及风格来看，与西安碑林所藏的大型北周立佛座上的护法狮十分相似。据此推测，其应为佛教寺院中的护法狮。

北周白石蹲狮

# 白显景造老君像

　　白显景造老君像刻立于隋开皇三年（583），1958年于陕西彬县出土，高43厘米。

　　此造像为细沙石质的彩绘浮雕像。正面雕一道者，应为老君。其面相丰圆，神态安然，头戴道冠，身着密褶宽袖长袍，盘腿而坐，背有舟形背光和花瓣形头光。道者长袍垂盖台座，右手执麈尾，左手残缺，两臂旁线刻两枝带梗花朵。座下以浅浮雕技法刻二瑞兽。它们昂首，龇牙，吐舌，前爪扬起，后尾上翘。二兽正中间置一香薰，造型别致。造像两侧及背后阴刻有发愿文，内容为"开皇三年岁次在癸卯三月己亥三日辛酉，道民白显景慈心造道像一区，为七世父母，家内大小，愿国主永康，人民安乐，合国祥庶，一切众生一时成道。妻刘□，息洪善，妻盖磨，息长恭，造像人司马法"。

　　白显景造老君像，与众多的天尊、老君造像相比，体量较小，也没有威严感和神秘感。其脸型微圆、神态自然、略带微笑，反而显得比较可爱。此外，这件造像还是西安碑林保存得最好的一尊彩绘造像。它通体施彩，有红、蓝、青、绿、黑等颜色，色彩对比鲜明，装饰效果强烈。更难得的是，此造像除刻有供养人姓名及发愿文外，还刻有造像人"司马法"的姓名。在魏晋南北朝众多的佛、道造像中，刻有造像人姓名的殊为罕见，因此其更加弥足珍贵。

　　据史料记载，道教创始于东汉，而最早的道教造像大约出现在南北朝初期。《隋书·经籍志》中载，"于代都东南起坛宇……刻天尊及诸仙之象而供养焉"。存世的道教造像实物正好与之相印证。最初的道教造像大都借鉴了佛教造像的造型手法和特点，如主尊的坐式、手印、莲瓣形头光、瑞兽等。历经百余年的发展，到隋代，道教依然为统治者所推崇，与佛教并行于北方广大地区，且不断发展。道教造像技法和造型则随之更加成熟和完美。这件老君像，正是这一时期不可多得的艺术珍品。

白显景造老君像

# 隋菩萨立像

　　这尊隋代菩萨立像总高仅一米，从头光至底座几乎完好无缺，是西安碑林博物馆保存得最为完整的菩萨造像之一。它的奇妙之处在于，整尊造像由三部分石雕拼合而成：主体部分是亭亭玉立的圆雕菩萨，及其双脚踩的正向上盛开的仰莲；第二部分是承托仰莲的覆莲底座和方形基座；第三部分是菩萨头后宝珠形状的头光。这三个部分以三块石材分别雕刻完成，再以榫卯相联结，从而组成了一尊完整、优美的菩萨立像。其实，北朝以后的很多石雕造像，尤其是大型石雕造像，都采用了分体雕凿的方式。然而，能流传到今天的大多已失去了原配的组合，或者本体已残缺损坏。能够躲避历史上数次灭佛运动的劫难，又能够经受住千百年来地理变迁、自然灾害的损毁而最终完整保存下来的造像，实在是凤毛麟角。1963年，当这尊菩萨立像在陕西省潼关县老虎城村出土时，真是令人眼前一亮！它的三个部件不但完好无损，而且至今能够严丝合缝地拼合在一起。于是，一尊恬静、优美的隋代菩萨立像就出现在了我们面前。

　　菩萨头顶束有低平的发髻，再佩戴一只精致的宝冠，冠饰两侧飘落的宝缯一直垂至双肩。菩萨面容清秀，眉细弯，双目低垂，嘴角微微上扬，神情安宁。上身穿袒露右肩的上衣，覆搭在肩背上的天衣绕过双臂又从体侧垂下。下着长裙，裙摆长及脚面。胸前佩有连珠项圈，一串简洁的璎珞垂至小腿处。菩萨右手上举，执一朵莲蕾，左手下垂，拎净瓶。头后有宝珠形的头光，其边缘弧线流畅优美，更形似一颗正向下滴落的水珠。头光上浮雕出两层莲瓣，花瓣尖微微上翘，如同菩萨头后一朵正在悄然盛开的莲花。底座左右两侧还分别雕刻有一只护法蹲狮：一只头朝前端坐，一只正歪着脑袋咬自己的后爪。似乎工匠在努力塑造一尊端庄、静谧的菩萨像的同时，又赋予了它一些活泼的元素。正是因为这些小小的"动"，更加衬托出菩萨的宁静。

这尊造像没有留下任何题记，而从整体的造型风格推测它应为隋代的作品。隋代在佛教艺术发展史上是一个承前启后的时期。这一时期的菩萨像脱去了北朝菩萨身上繁缛的装饰，衣衫渐显轻薄，但又不如唐代开放裸露，而且身材变得匀称而修长，面容更加清丽。就如这一尊近乎完美的菩萨立像所呈现的那样：轻盈的体态，内敛、含蓄的服饰，平静、安详的神情。

隋菩萨立像

# 佛坐像

　　这尊唐代佛坐像为盛唐时期的典型之作。佛像以汉白玉雕造而成，表面细腻、莹润。佛座已佚失。像高78厘米，宽83厘米。佛结跏趺而坐，左手轻抚左膝，右臂屈肘上抬，手部残损。佛头上部高髻螺发，面部丰腴饱满，眉目端庄，神情自然、恬静。佛像外披袈裟，左、右领襟随着起伏的身体曲线在胸前自然垂落，露出里面的右袒式内衣和肌肉线条。袈裟柔软贴体，下摆紧紧包裹住坐佛的双腿，透出呈跏趺坐状的双腿轮廓。周身的衣纹皱褶被雕刻得舒缓流畅，完美地表现出佛衣面料轻薄、柔软的质感。如果这尊坐佛的底座没有佚失，很可能与同时期的大部分坐佛造型一样：佛像端坐于束腰高台的莲座上，柔软的袈裟顺着佛座边沿悬空垂下，形成当时十分流行的"悬裳座"。

　　这尊坐佛展现了唐代工匠们对佛像头、身比例愈发准确的把握，以及极力表现佛像健硕、圆润的身体线条的强烈愿望。那丰满的脸颊、圆滑的双肩、袒露的胸膛，尤其是特意刻画出的隆起的胸部肌肉，均是在盛唐时期追求形体美的审美观念下产生的造型变化。

　　在进入唐代以前，汉地佛教造像曾经有过两次明显的风格上的变化。一次是5世纪末至6世纪中期极具中原特色的"秀骨清像"佛像的盛行。当时的佛像一改之前源自印度的外来造型，而仿效士大夫们所钟爱的宽袖大袍，开创了"褒衣博带"式的本土袈裟，佛像的面容、身体也随之变得清癯、瘦削。后一次风格转变是在6世纪中期以后，即南北朝晚期开始，佛像整体上又向着体态丰厚饱满、佛衣多样化的造型回归。这一次造像风格的转变，与生活在东魏北齐间的著名佛像画家曹仲达有很大的关联。曹仲达，原籍西域曹国（今乌兹别克斯坦的撒马尔汉一带），长于绘画外国佛像，尤其是模仿"薄衣贴体"的印度佛像造型。他绘制的"其体稠叠，而衣服紧窄"的佛衣，薄柔贴体，如出自水中，被后世称为"曹衣出水"。这种风格不但成为当时的风尚，而且对之后隋唐佛造像的风格产生了深远的影响。长安的佛教造像正是顺着这一脉络延续发展，又在频繁的佛教文化交流中，汲取着新的造型元素和雕刻技艺，从而在盛唐时期进入发展的黄金时代。

佛坐像

# 佛立像

长安的佛教造像艺术自魏晋南北朝以来，一直处于从外来形式向中国本土化样式演变的过程，至唐代终于完成了这一历程，最终形成了符合中国人审美情趣的新的艺术风格。唐代的佛教造像，已凸显出庄重典雅、雍容华贵的气度。在造型上，其更加注重写实，形象多生动自然，更具人情味。在雕刻技法上，它融合北朝以来的直平刀法和新的圆刀法等多种手法，使人物性格与形体美都被如实地表现出来。这一时期，长安的佛教石雕造像，既有皇家寺院供奉的大型立像、坐像，又有大量民间敬造的中小型佛像。造像题材也更为广泛，不仅有佛像、菩萨像，还出现了单尊天王、力士等圆雕造像。

1959年，于陕西省礼泉县出土的这尊立佛，就是盛唐时期的佳作。佛像原座佚失，现在所配的基座是北周武成二年（560）的覆钵式莲座。佛像高183厘米，宽33厘米。佛像面容丰满圆润，长眉秀目，双目微合，嘴角微微上扬；大耳有轮，项肥，头稍上扬；螺纹发式，高肉髻；右手断缺，左手施与愿印；着通肩式大衣，薄透贴体。佛像的大衣似乎沾湿而紧贴躯干，使四肢突显，展示出健硕、浑厚的体魄。

据《历代名画记》载，北齐画家曹仲达擅长画这种湿衣佛像，即所谓的"曹衣出水"。这种风格其实来源于印度，尤其以笈多时代秣菟罗艺术的佛像样式最为典型。因为秣菟罗地处气候炎热的印度，所以佛像的袈裟雕刻得非常轻薄贴体。

唐代，中外文化交流频繁，人们的思想空前开放。在这样的大环境下，长安佛教造像艺术对印度笈多艺术大胆取舍，并将其融于传统艺术之中，从而创造出全新的民族化的造像艺术，使唐代佛教造像达到了形神兼备、尽善尽美的艺术境界，也把中国佛教造像艺术推向了巅峰。

佛立像

# ‖观音菩萨坐像

　　这尊雕刻精美的观音菩萨坐像，原置于西安市东关景龙池庙宇中，所以又称景龙池观音菩萨像。1952年庙宇被毁后，观音像移交西安碑林收藏。景龙池位于唐长安城的兴庆宫内，唐玄宗在这里兴建了许多华丽的楼阁宫殿。景龙池即宫中龙池，亦称九龙池。

　　从这件出自皇宫遗址的观音像，我们可以看出，整尊造像有一种饱满感，在饱满中又不失华美和精巧。观音像高73厘米。菩萨结跏趺坐于束腰莲座上，头戴化佛宝冠，冠前刻阿弥陀佛——这是观音像的标志。宝冠两侧各有一根飘带，飘带顺肩而下。佛像体态丰满，细发高髻，脸庞圆润，微微上扬的眉毛被雕刻得细而弯，双目微合，鼻子饱满，唇部丰润，微露笑意。菩萨的两肘屈于腹前，左手握莲蕾，右手护持，赤臂袒腹。身佩珠玑，束带缠胸，天衣绕过两臂下垂至座上。种种精雕细琢使得这尊观音菩萨像显得温厚清和，尤其在丰满之中又有些玲珑剔透。这件观音像，可以说是唐代雕刻艺术成熟的写照。

　　这件造像不仅躯体部分雕刻精湛，莲座也雕琢得十分精细。台座布满莲花雕饰。上部仰莲三重，中部莲梗曲绕，并以莲苞装饰其间。下部为一重覆莲，基座周分六格，格呈长方形，有雕饰花边。格内各雕伎乐一人，各执排箫、横笛、腰鼓等乐器。整个台座浑厚朴实、晶莹完美、瑰丽大方，显示出工匠雕刻技艺的纯熟多样。其虽为观音菩萨像的附属品，但也是工艺佳品。观音像与莲座交相辉映，浑然一体。

观音菩萨坐像

# 断臂菩萨立像

　　西安碑林博物馆里的这件菩萨立像，堪称盛唐时期的艺术精品。这尊造像由一整块汉白玉雕凿而成，残高 110 厘米。其 1959 年于西安火车站附近出土，唐大明宫遗址即位于此处。从其上乘的石质、精细的雕刻，能看出这尊立像应为唐代皇宫内供奉之物。

　　菩萨像出土时头部及双臂、双脚均残缺，但观其残身，那动人的曼妙身姿却不失一毫一分。这尊菩萨像上身袒露，左肩斜披一缕轻纱，下腰束露脐、薄柔、透体的长裙，小腹微挺，若烟笼水洗，纹线流畅自然，匀称、健美的曲线一览无余。裸露的肌肤丰满润泽，富有弹性。长发垂肩，呈卷曲状。体态丰腴，身体重心向左微倾，腰肢扭动呈"S"形，富有动感。透过轻纱，我们可以很清晰地看出菩萨像两块膝盖骨的大小差异，这是由于站立时着力点不同而出现的情况。工匠的雕刻如此细腻，着实让人惊叹。菩萨像颈项戴着镶满晶莹宝珠的华美饰品，再缀以小巧精致的璎珞，既华丽又不烦琐，使雕像显得更加高贵典雅、落落大方。

　　这尊白玉造像是一件受到印度菩萨样式影响的艺术珍品，虽趋于女性化，但并不过分强调女性特征，体现了中和、典雅的东方美学风韵和独特的长安艺术风格。只可惜菩萨残手断臂，难以通览全貌。

　　这尊佛像的损毁可能与唐武宗"会昌法难"有关。唐初宗教政策比较宽松，到盛唐时期佛教发展极盛，佛教经济也借此得以迅速发展。渐渐地，极度膨胀的佛教影响了国家税收。励精图治、希望中兴唐朝的唐武宗李炎，便在会昌五年

（845）下令灭佛——拆毁庙宇，勒令僧、尼还俗。对佛教来说，这是一次灭顶之灾。所以，推测这件菩萨残像很可能是毁于这次灭佛运动的。

虽然这件菩萨立像的胳膊、头部均已残缺，但却给人留下了无限的遐思，又因它雕刻精细巧妙，展现出了唐代高超的雕刻技艺，所以被称为"东方的维纳斯"。

断臂菩萨立像

# ‖十一面观音头像

在唐代，有一种在普通观音像的头顶上再刻画出无数小观音头像的观音造型，一度流行于世。这种造像形式通常有观音面十一个，故而被称为十一面观音像。保存至今的十一面观音像有壁画、木雕、金铜雕、石雕等，数量并不多，但件件都堪称精品。西安碑林博物馆所藏的这一件残断的汉白玉观音头像，是馆藏造像中唯一的一件十一面观音头像。它1983年于西安市西郊的一所学校出土，高25.5厘米。推想在没有残损之前，它当属于一尊总高超过一米的亭亭玉立的菩萨立像。

十一面观音头像的出土地，曾两次出土过数量众多的北朝至唐代的石雕造像。一次为1978年，该学校修建基础设施时，发现了14件精雕细刻的佛、菩萨头像。事隔五年后学校基建施工，在相距20余米的地方，再次发现了造像窖藏。这一次共清理出佛、菩萨头像共计31件，以及一通北魏造像碑。这些佛、菩萨头像高度多在30厘米以上，雕刻精巧绝伦。可以想见，当初每一件头像都属于一尊体形高大、造型精美的大型造像。而这个带给我们连连惊喜的出土地，正是唐长安城金城坊乐善尼寺所在地。这一批造像当年很可能就供奉于该寺之内。

查阅史籍，乐善尼寺兴建于隋开皇六年（586），原是尉迟迥孙太师为其祖所立，原名舍卫寺。唐中宗景龙元年（707）改名为温国寺，后又改为乐善尼寺。在建寺二百多年后，寺院遭遇了唐武宗会昌五年（845）的法难。一座地处长安

十一面观音头像

城的佛寺，在那场声势浩大的灭佛运动中注定是难逃劫难的。曾经恢宏的殿宇被夷为平地，曾被众多信徒膜拜的佛像轰然倒塌。然而，信仰不会随着寺院的崩塌而瓦解。虔诚的僧人和信众们不忍看到众多佛像、菩萨像被遗弃于废墟之中，于是，将已经身首异处的造像埋藏于地下保存，从而将一件件精美绝伦的雕像封存至今。

这件小巧而精致的汉白玉十一面观音头像是其中造型和材质较为特殊的一件。它具有盛唐时期菩萨造像的典型风格特征。面颊丰腴饱满，弯眉细目，双眼微眍，神情静谧平和，头发挽做高髻束于头顶之上，发丝根根分明。所不同的是，头上除了通常所见的一尊化佛外，还环绕发髻雕刻出一圈小观音头像，原本应有 10个，现残存 6 个。从完好的部分可看出，这些小观音头像的造型、神态，均与主像如出一辙，而且雕刻细致入微，连发丝及脖子上佩戴的连珠项饰也都一一呈现出来。如果环视观音像一周，每一个方位都能接收到他恬静、和蔼的目光。

对观世音的信仰，自南北朝时期就开始盛行于中国。佛经称，只要信众将所经历的苦难向观世音诉说，他就能"观其音声"，帮助信徒脱离苦难灾痛。自北周起，陀罗尼的密教经典开始传入中国，最早传到中国的即为十一面观音。而直到唐代，才出现了对十一面观世音的信仰。经过高僧大德的传布，其很快在上至皇室贵族下至平民百姓中流传开来。

女皇武则天尤其信奉十一面观音，她常命人在大明宫内设观音道场祈福。史籍中就记载了这样一则故事。据说，武周万岁通天二年（697），武则天征讨契丹，诏请国师法藏为国祈福。法藏便在大明宫建立十一面观音道场，设置尊像行道。数日之后，契丹军目睹唐军拥有无数天兵神王相助，甚至观音菩萨也凌空而至，于是不战而逃。武则天大喜，遂将年号改为"神功"。

正是因为帝王的信奉，所以十一面观音像优雅的造型在武周时期大量出现。如武则天在大明宫南修建的国家寺院光宅寺，寺内的七宝台就以无数雕刻极佳的十一面观音浮雕石像作为护佑。遗憾的是，现在这些浮雕造像均流失海外。西安碑林所藏的这件十一面观音圆雕头像，无论是从雕刻工艺还是从精美程度上来看，都毫不逊色。

# 安国寺密宗造像

密宗是佛教八大宗派之一。密教原是佛教真言宗，以修持"秘密真言"为主，故称为密宗。此宗以密法奥秘、不经灌顶、不经传授不得任意传习及显示他人而得名。到了唐玄宗时代，有三位印度的密宗大师名曰善无畏、金刚智、不空来到中国。唐开元四年（716年），印度密宗高僧善无畏携带梵本来到长安，受到玄宗礼遇，被尊为"国师"。从开元五年（717）起，他先后于长安、洛阳两处翻译密宗经典多部，成为密宗正式在中国传授的开端。

1958年7月，西安市建设局在西安城东北角一带修下水道时，发现了十余尊精美的石刻造像。同年11月，移交陕西省博物馆，也就是现在的西安碑林博物馆。这些造像都出土于口径为1米、距地面深约10米的圆形窖穴中，出土时相互叠压，多有残损。它们尺寸相近、风格一致，均为汉白玉质地，大多为密宗造像。出土的密宗造像共计11尊，有宝生佛像、文殊菩萨像、马头明王像、不动明王像、降三世明王像、明王像、金刚造像、菩萨头像、残造像等。据推测，这批石刻可能是坊中寺院的遗物，可能是在唐武宗会昌五年（845）七月毁佛时被埋藏在这里的。

今天，根据文献资料，可知这批造像的出土地点在唐代属于长安的长乐坊。景云元年（710），唐睿宗李旦将朱雀街东边长乐坊大半的居宅邸舍改为佛教密宗寺院，定名安国寺。后该寺庙在武宗灭佛运动中被毁，又于唐懿宗咸通七年（866）重建。学者据此推定，这批造像很可能是唐安国寺的遗物。

安国寺金刚童子像

唐安国寺遗址出土的这批唐代密宗石刻造像精致、典雅。其特点有：第一，严格按照密宗造像仪轨而雕刻，形象各异，造型生动；第二，根据造像规制的需要，将多头、多臂巧妙安排，使整个造像的外观既井然有序又富于变化；第三，有的造像还残存有彩绘、描金的痕迹。此外，根据造像的组合看，考古学家推测，它们应是当时寺院中按曼荼罗设坛供奉之像。

这批造像，一方面继承了中国传统雕刻以绘色辅以雕刻的手法，特别是将绚烂的色彩与白石的本色处理得十分和谐，另一方面代表了盛唐时期上层贵族的审美情趣和佛教艺术的卓越成就，可谓唐代造像中的精品，也是我们研究唐代密宗的重要资料。

# 宝生佛像

唐代时，佛教在继承前朝的基础上，不断吸收着来自西域和印度的佛教新思想，发展出天台宗、禅宗、密宗等八大宗派。伴随着新的教义、仪轨、图样的流入，佛教艺术在那个空前国际化的舞台上，也呈现出百花齐放的局面。其中，以神秘力量起着主要作用的佛教密宗，在八九世纪的上层社会十分流行，而依照密宗经典塑造的各种密宗造像因为颇具神秘色彩的造型，以及所散发出的诡丽、华美的气息，在同一时期的佛教造型艺术中光彩耀眼。西安碑林收藏的这一批安国寺密宗造像，从整体上就给人以华丽、精致、别具一格的视觉感受。

这一尊宝生佛像以汉白玉雕凿而成，头部已失落，残高 67.5 厘米、宽 40 厘米。佛像的身体上还残留有少量鎏金的痕迹，在褪去了浮华的装饰后，更有一番含蓄而耐人寻味的沉静。佛像身着袒右袈裟，结跏趺坐于仰莲台座上。右手下垂，轻放于右膝上，掌心朝外施与愿印，左手握住袈裟一角上举于胸前。轻薄的袈裟从左肩斜披向右腋下，再循着身体的起伏包裹全身。衣纹的皱褶流畅自然，表现出柔软、贴体的衣料质感。

台座的雕刻更加一丝不苟。这是一个造型独特的束腰高台仰莲座，束腰部分浮雕七匹有翼卧马。工匠在有限的空间中分层次地浮雕，让七匹马的排列高低错落、井然有序。翼马均头朝外跪卧，如果马首未残断的话，应该是以完全圆雕的

安国寺宝生佛像

形态伸出台座之外。它们舒展双翼，充满着蓄势待发的律动感。

从造像独特的翼马台座及佛像的手印和坐式，可以判断出它是密宗以大日如来为首的五方佛之一的宝生佛。他在金刚界曼荼罗中位于南方，唐代中晚期以后大量出现。

安国寺密宗造像与西安碑林的其他佛教造像相比，除了材质的珍贵、雕工的精湛外，更为突出的特点是种类变化丰富，造型也更为复杂华丽。这是唐代密宗造像在吸纳印度密教艺术的基础上形成的独特风格。大约7世纪初期开始，印度佛教开始密教化，到8世纪密教成为了印度佛教的主流。密教是大乘佛教与传统的婆罗门教、印度教、印度民间信仰相融合的产物，因此在修习方式上加入了原始宗教的咒术、祭祀等手段。与此同时，原本属于婆罗门教、印度教艺术中的那些头戴宝冠、装饰繁复，或多面多臂或身姿妖娆的神灵形象，也被吸纳到密教艺术中，从而融合出一系列与通常所见的大乘佛教造像平和、庄严、高贵的形象截然不同的艺术造型。不过，当这些形态奇异诡谲的造像随着密教经典传入中土后，又按照本国信徒的审美加以调整和修改，才呈现出我们今天所见到的面貌。

## 文殊菩萨像

佛教中有四大菩萨，即文殊、观音、普贤、地藏四位法力高深的菩萨。文殊代表智慧，观音代表慈悲，普贤代表行践，地藏代表愿力。智、悲、行、愿即大乘佛教四大菩萨的标志。

文殊菩萨，全称文殊师利，有时又作曼殊室利，意为妙德、吉祥。据说，他出生时，家中出现许多吉瑞祥兆，因而得此名。在大乘佛教中，文殊菩萨是众菩萨之首，有很高的地位。他也是智慧的化身，与普贤菩萨同为释迦牟尼佛左右胁侍，经常协同释迦宣讲大乘佛法玄理。文殊菩萨的道场在五台山。根据史料记载，隋文帝敕令在五座台顶建寺供文殊菩萨像，是为五台顶供奉文殊之始。所以，单尊的文殊菩萨像在五台山各寺庙中供奉较多。

安国寺出土的这尊文殊菩萨像高 75 厘米。菩萨束发高髻，端坐于莲台之上，双目微合，眉目细长，双唇紧闭，神情庄严肃穆，面相温和秀丽。菩萨独特的造型更加体现出他的风姿与高贵。其上半身半披袈裟，下着宽裙，腰间束以丝带，胸前装饰有华丽的璎珞。双耳垂戴有圆形的饰物。左手持莲花，上举至肩，莲上承有经箧。经箧和宝剑是文殊菩萨的标志，由此可判明这尊造像的身份当为文殊菩萨。其右手手臂弯举胸前，虽有残缺，但按密宗仪轨应持有宝剑。宝冠、璎珞、帔巾、腰衣、莲瓣等身上的配饰，都是精雕细琢，甚至将屈伸的手势都很准确地刻画出来，这更加显示出造像的生动与自然。整座造像雕刻手法十分大胆，衣纹和飘带的处理不但没有臃肿、繁复的感觉，相反有一种层次分明、重叠复合的美感。

佛座也雕刻得十分精美。整个佛座以圆形为主，雕刻着精美的莲花纹和云波纹，并以海石榴等纹饰作为陪衬，在形式上富有新意。丝带从莲花座上轻轻地垂落下来，宛如一股清泉，缓缓泻下，富有强烈的质感。这种细腻而写实的刻画打

安国寺文殊菩萨像（正面）

安国寺文殊菩萨像（背面）

破了石质雕刻生硬、呆板的特点，而巧妙的设计更使造像在比例上和谐匀称、错落有致，在形式上变化适度、高低有序，既典雅、稳定，又富有动感。

值得注意的是，在佛教造像中，菩萨一般是作为佛的胁侍出现的，而安国寺出土的这尊文殊菩萨像，却结跏趺坐于莲花座之上。学者推测，这可能是唐代密宗造像特有的形式。

## 马头明王像

马头明王也叫马头观音、马头金刚。此明王头戴白马头，头发如怒吼之狮。明王的"明"，即光明普照之意。因明王借佛的智慧、光明摧破众生之烦恼业障，所以被称为明王。在密教中，马头明王能攘除众生的一切灾厄、镇压众生的一切恐怖、解除众生的一切危难。

安国寺出土的这尊马头明王像高88厘米，三头八臂，双目圆睁，有舟形背光。造像呈三面愤怒相，主面双牙上翘，看起来十分凶恶可怕。然而，这恐怖的獠牙却是用来震慑妖魔鬼怪，保护众生无明业障，摧破诸恐怖用的。马头明王的马头虽已残断，但马颈部的鬃毛尚清晰可见。高束的发髻如怒吼的狮子，表示勇猛精进、伏妖降魔。目光直视前方，表情威严。头戴宝冠，冠中有化佛。两侧为童子面。明王结跏趺坐，袒露上身，佩璎珞，帔帛绕于肩臂。它身后的六只手各做不同用处：右侧上手举斧，中手持念珠，下手掌心向外施与愿印；左侧上手持棒，中手持净瓶，下手持莲蕾。而左、右第一手在胸前结契印。台座束腰，上半部是仰莲形，下半部是岩石形。此种莲座与岩座结合的形式甚为罕见，大概是寓意马头观音乃观世音化现之故。明王佩饰的璎珞由双肩下垂至腹中部，系以圆璧形物，垂于仰莲座之上，雕刻十分精细。下体着裙，轻薄的衣带自头部两侧盘绕，并经腋下垂至莲座两侧，富有强烈的动感。整座雕像简洁洗练，是唐代佛教雕像的代表作品。

马头明王作为六道中畜生道的护法明王，被尊为古代驿马的本尊神。老百姓历来崇信马头明王，并虔诚供养，以保自己和家人出入平安。

安国寺马头明王像

# 不动明王像

不动明王亦称不动使者。"不动"，意为誓愿，乃指慈悲心坚固，无可撼动。不动明王为佛教密宗五大明王主尊、八大明王首座，是毗卢遮那佛（大日如来）的教令轮身。在镇守东、南、西、北、中五个方位的五大明王中，不动明王为镇守中央方位的明王，也是著名的护法神。不动明王的誓愿为：见我身者发菩提心，闻我名者断恶修善，听我法者得大智能，知我心者即身成佛。

西安碑林收藏的这尊安国寺不动明王像，高 62 厘米、宽 43 厘米。其一面二臂，发垂至肩，偏袒右肩，上衣斜披，下着摆裙。如果其手臂还在，右手应持智慧剑，能斩断烦恼之根，左手应拿金刚索，用来捆绑一切恶魔。可惜已经残缺。其愁眉瞪目，右眼仰视，表示能捆住太子魔；左眼俯视，表示捎回龙魔和飞天。其面部呈大愤怒相，表示驱魔斩鬼，无往不前。不动明王降魔时示现的愤怒身，也是诸佛意的化身。他的身相是依那些顽固不化、执迷不悟、受魔障遮蔽的众生而变化的，从而喝醒众生和吓退魔障。同时，这也是大慈大悲的显现，就如同父母对顽劣的子女，以愤怒的方法予以调教，其动机是慈爱而非毁灭。因此可以说，比起祥和宁静的形象来，不动明王更具慈悲力。

不动明王无论在汉传佛教还是在藏传佛教中，都有相当高的声誉，而且不动明王与观音菩萨和地藏菩萨一样，乃藏民供奉的三尊主要佛像之一。唐代密宗东传日本后，广为流传。在日本佛教中，不动明王属于日本东密最尊崇的一尊明王，所以日本的几乎每一间寺庙都供奉不动明王。在江户时代，幕府将军在都城江户设置有五色不动明王，以祈求国家太平和政权稳固。

安国寺不动明王像

# 降三世明王像

　　降三世明王，又称月黶尊、胜三世、三世胜、降三世金刚菩萨，为密教五大明王之第二，即五部中金刚部之教令轮身，配置于东方，密号最胜金刚。降三世明王中的"降"指的是降伏、消除；三世指的是贪、嗔、痴三种念头，而这三种念头是世人都拥有的，所以称为三世。也有人说，是因为降三世明王为了降伏自称"三界之主"的大自在天，所以称"降三世"。明王的宏愿就是秉持诸佛之心，用金刚伏魔之手，消除世间众生一切贪、嗔、痴之念头。

　　安国寺出土的这尊降三世明王像高88厘米，宽48厘米。像为三面八臂，面部呈愤怒相，头发向上高高束起，头部宝冠正中雕有一尊化佛，身后的背光刻火焰纹，双目怒视前方，表情凝重威严。上半身略微向左倾斜。身后六只手中各持有不同的法器：右上手高举金刚杵，中手持宝剑，下手拿剑簇；左上手持三叉戟，中手断缺，下手持索。而左、右第一手在胸前交叉，施结契印，小指缠绕金刚印。胸前的项饰璎珞从两肩到腹部，再经左足垂至岩石上。腰间系裙，天衣从头部的两侧至腋下卷曲至岩石基座。双脚结半跏趺坐，于岩石上做说法状。造像的表情、肌理、佩饰及各种法器，都雕刻得细腻巧妙、形象生动，可见工匠刀法之精练，可谓唐代佛教雕刻之珍品。

　　与此像同时出土的三面八臂的马头明王像和垂发披肩、愁眉瞠目的不动明王像，虽都是一脸的愤怒相，却是大慈大悲的显现。正如不动明王像右手持的剑，不是杀戮之剑，而是能斩断烦恼之根的智慧之剑。当明白了他心中的动机是慈爱而非毁灭，就会觉得比起祥和、宁静的形象来，他们更具有一种充满张力的慈悲感。

安国寺降三世明王像

# 菩萨头像

在安国寺出土的十余件造像当中，有一尊小小的菩萨头像，格外引人注目。它高 15.7 厘米，由汉白玉雕刻而成，是雕刻的残余部分。此造像采用圆雕加线刻的方法雕刻而成，人物轮廓显得明朗细致。头像面庞丰腴圆润，鼻子高挺，眉细长而弯曲，眼睛微张，做垂视状，樱桃小口，嘴角略带一丝笑意，两耳下垂，戴金彩耳饰。它神态娴静，显示出菩萨美丽善良、端庄典雅的形象特征。头发如卷云，发髻松松挽起，头顶还有一个鎏金的发饰，根根发丝清晰可见。

唐代以前的佛教造像，一直受西域造像风格的影响。随着时间的推移、历史的演变，到唐代才形成一种成熟的具有中国特色的佛教造型艺术。唐代佛教造像的宗教特征明显减弱，在艺术性和真实性上，特别是在运用现实主义的创作方法上，却大大加强了。唐代以丰腴为美，而这位菩萨的面孔，就是完全仿照盛唐时期标准美女的形象来打造的。所以，我们看不到受过去菩萨样式限制的痕迹，倒是和我们看到的世俗中的人物雕刻差不多，形象极为写实。我们在这个时期见到的佛像、菩萨像，都是现实生活中美好形象的再现。它们已经不再是宗教中的神，而是理想中的美与善的集中体现。

雕刻这件菩萨像的工匠们，除了运用传统技艺，还吸取了外来造像手法，将现实与理想、人与神之美交融于一体，使其堪称唐代石刻造像中的经典之作，因而被誉为"唐代最美菩萨脸"。可惜的是，这件造像只保存了头部。但是透过这件头像，我们仍然可以联想到它的身躯所能呈现出的优美姿态。

安国寺菩萨头像

# ‖天王像

  天王、力士单尊造像是唐代佛教造像流行的新类型。西安碑林博物馆所藏的这尊白石天王像，高 110 厘米、宽 91 厘米，头及左臂已残缺，但造型威武雄壮、雕刻极其精美，俨然是唐代武士的形象，富有强烈的生命力和力量感。天王右脚直立，左脚外侈，微微扭腰送胯，将重心置于右脚。左臂残断，右臂在体侧弯曲，胸部挺阔，极具张力与动感。他身着明光铠，胸前左右两片圆形护镜上，雕刻有精细的连珠和花瓣纹饰；背甲与胸甲以带相连，经肩部前扣；双肩佩有精致的护甲；胸部下缘与腰部各束玉带，令胸腹看起来十分饱满；腰带下垂膝裙、鹤尾，露缚腿，足蹬装饰华丽的尖头靴，站立于磐石座上；随风飘舞的袍带，衬托出其威风凛凛的英姿。整尊天王像张弛有致、刚柔相济，尽显阳刚之美。

  天王原本是古代印度神话中的神将，他们的出现时间要早于佛教，后来却成为了佛教的护法神。北魏时期，天王的雕刻形象开始较多地出现在中国的佛教造像中，他们被设计为身着铠甲的护法武士形象，身处佛、菩萨身边较次要的位置上，或者站立于石窟大门左右，起到守法正法、镇邪避妖的作用。北魏晚期至隋唐，开始出现镇守四方的"四大天王"形象。四天王仍然是身着铠甲，盛气凌人，手持不同的法器，守卫四方。他们各有名号，分别为东方持国天王、南方增长天王、西方广目天王、北方多闻天王。四位天王守护四方的观念，恰好与中国传统的四方神（东青龙、西白虎、南朱雀、北玄武）相契合，因而也促进了天王形象在中土的传播。唐代，还出现了对单尊天王像的供奉。

天王像

　　西安碑林收藏的这尊盛唐时期的天王像，头部和手臂已经缺失，是否为四天王中的一尊已不得而知。但从其强健的体魄中散发出的气势，完全能感受到他护持佛法的威武神采。

# 老君像

老君即老子。老子姓李名耳，字聃，一字或曰谥伯阳。他生活于公元前571年至公元前471年之间，是我国春秋时期伟大的哲学家、思想家，道家学派的创始人和主要代表人物。唐王朝建立后，因老子与李唐王朝君主同姓李，所以统治者为了强化统治地位，亲信道教，加封老子为玄元皇帝，还追认老子为李姓始祖。

西安碑林博物馆收藏的这件老君像于唐天宝年间刻制而成，是唐华清宫朝元阁内的遗物。它原立于临潼骊山老君殿，1963年移入西安碑林收藏。

老君像采用圆雕手法，用汉白玉雕刻而成。凝重的刀法凸显出汉白玉的细润和整体造型的细腻。像高193厘米，双手及发髻部分已残缺。老君身着开襟道袍，腰束帛带，丰须长髯，结跏趺坐于石台之上。老君形象雍容恬静、慈祥端庄。他双目深邃，似凝神静思，又似吟诵道法，显得温厚肃穆、气宇轩昂。老君像身下的台座分为三层：上部为长方形，以番莲为饰，略有残缺，束腰方台效仿佛教仰覆莲须弥座；中层为正方形，四面雕有莲花纹图案；下层饰以众多的变形牡丹花图案，造型精美圆润，手法精巧洗练。这件造像整体布局层次分明、疏密得当，雕刻手法精练，堪称道教造像的精品。

据说，这尊老君像是安禄山为了取悦唐玄宗，令西域著名雕刻家元伽儿以汉白玉雕凿而成，后来进贡朝廷，将其供奉在临潼骊山朝元阁。然而，在唐玄宗李隆基统治后期，社会矛盾日益激化，但他无动于衷，仍然沉溺于声色犬马。怎奈好景不长，献媚得宠的节度使安禄山、史思明带领十万叛军挥师南下，惊碎了华

老君像

清宫的仙乐飘衣，年迈的皇帝不得不携爱妃仓皇出逃。叛军攻克潼关，冲入骊山烧毁了朝元阁等建筑，也给这尊老君像上留下了斑斑残痕。

时间的长河，匆匆逝去。当年的霓裳羽衣、惊雷战火，早已湮没在了历史的尘埃里。而这尊白玉质地的老君像，却依然平静地端坐在石台之上。它那安详的神情，仿佛在向人们诉说着，发生在一千多年前华清宫中的那些故事。同时，它那端庄、肃穆的美，也在向人们展示着大唐那个多姿多彩的时代，留给我们的艺术遐想。

# 其 他

## 大夏石马

　　跨过西安碑林博物馆孔庙戟门，稍不留神，可能就会错过一件中国雕塑史上赫赫有名的石雕作品——大夏石马。这匹一千五百多年前的石雕骏马，常年立于户外，经过千百年的风雨洗礼，多少带些风尘仆仆的意味。再加上它本身拙朴、洗练的雕刻风格，匆匆一瞥，的确不如唐代雕塑引人注目。然而，对于这样一件质朴的石雕作品，我们不妨放慢节奏，静下心来，细心端详。

　　大夏石马由整块黄色花岗岩雕成。它驻足而立，昂首正视前方。马脖子上的鬃毛被雕刻成波浪状，顺滑地披向右边。石马腹下采用透雕雕凿，马腿则采用高浮雕的形式表现。两前腿与两后腿之间为保持稳固留有腿屏。石马后腿间的屏壁上，浮雕有山石

大夏石马（局部）

大夏石马

状图案。从其前腿间的屏壁上隐隐可见隶书铭文，有阴线界格，9 行，每行 5 字，共计 42 字，现在仅可辨识出"大夏真兴六/年岁在甲子/夏五月辛酉/□□三日□/□□大将军/□□□造□/□□□石□/□□彰副吕/门树"。这一段斑驳的铭文，是了解石马"身世"的重要线索。

中国历史上国号为"大夏"而年号称"真兴"者，唯有十六国时期匈奴人赫连勃勃所建立的大夏国。大夏石马之名即由此得来。由铭文可知，石马雕刻于大夏真兴六年（424）五月，为"大将军"雕造。"大将军"乃大夏国国主赫连勃勃的长子赫连璝。真兴六年，是赫连璝以太子身份任大将军、雍州牧、录南台尚书，并镇守长安的第六年。作为长安城的最高军政长官，为了树立自己的威信，也为了纪念自己曾经领军攻克长安的赫赫战功，赫连璝特意聘请工匠雕刻了这匹石马，并且在石马上镌刻下雕造年月和自己的官职姓名。石马雕成后，被放置于赫连璝的驻守之地——汉长安故城的长乐宫前。直至大夏灭亡，朝代更迭，石马始终不曾挪移。

1954 年，著名美术史学家王子云、何正璜夫妇和西北历史博物馆同人前往西安城北汉长安城遗址考察时，在一片麦田之中发现了矗立千年的石马。当他们拭去尘土，惊喜地读到"真兴六年"等字样时，确定了它为一千五百多年前大夏国的遗物。这一次考察促成了大夏石马入藏西安碑林。

中国的石雕艺术起步较晚，大约从汉代开始，才出现了大型圆雕作品，且大多依循石头的形状来造型，颇显拙朴可爱。这些早期的石雕作品多是放于宫廷苑囿之内作为"景观"之用的，大夏石马就是如此。大夏石马当年作为一件纪功性石雕被置于长乐宫前，也一定曾备受瞩目。大夏国国运短暂，仅存二十五年（407—431），留存至今的遗物寥若晨星。此件石马是迄今为止发现的唯一一件刻有大夏纪年铭文的石雕艺术品，其珍贵价值不言而喻。

# 石灯

　　这件石灯是一件雕刻于唐代的精美石刻作品，1959 年由陕西乾县西湖村石牛寺移存至西安碑林。

　　石灯高 194 厘米，原为 9 层，现存 7 层。灯座雕有山岳及佛龛。四龙由灯座盘绕蜿蜒而上，构成了精美的灯身。灯身上置刻着带有龙头的八棱石盘及莲花灯座。灯座之上设有方形灯室。灯室上方是四面坡流水式的屋形灯盖。石灯整体结构紧凑、布局和谐，又采用圆雕、浮雕、线刻三种手法雕刻而成，使这件佛教石刻艺术作品堪称完美，成为国内现存最为精美的唐代石灯。

　　石灯是寺院门前照明的器具，具有实用性和装饰性。唐代佛寺一般都在殿堂正前方设置石灯，以慧炬长明，冀以象征佛之无穷智慧和法力。唐文化对其周边的很多国家的文化都产生了深远的影响。这种形式的石灯在邻国日本的寺院中就比较常见。

石灯

# 石雕关平、周仓像

这一对石雕关平、周仓像，1960年于陕西省富平县东里桥出土。它们通高达215厘米，去掉底座也足有一人多高。从造型风格上判断，当属清代的作品。富平是陕西著名的石刻之乡，清代时已涌现出不少名师名匠，而且许多匠师都出身于石匠世家，其技艺经过数代的传承而达到纯熟、精湛的水平。这一对关平、周仓石像，足以展现清代富平石匠的非凡技艺。

这两尊石像神采奕奕，惟妙惟肖。它们均着铠甲，身材魁梧，显得威风凛凛。一位手拿宝剑，神情平和，目光炯炯；一位左手持大刀，右手叉腰，瞠目张口，黑面虬髯。从石像的衣着、神态和手持物可辨认出，前者为关平，后者为周仓。

在三国时期的故事中，关平、周仓都是关羽身旁的大将，他们跟随关羽征南闯北，立下赫赫战功。明清时期各地的关帝庙中，常把他们二位作为关羽的胁侍一同供奉。二位忠义之士的故事，便伴随着关帝信仰的发展流传至今。

关平在历史上确有其人。他本为关羽之子，但在各种民间传说中，被描述为关羽的义子。他一生追随关羽，演绎出许多跌宕起伏的故事。关平的勇猛、智慧均不逊于其父。他曾跟随刘备出征西川，立下战功，后来又与曹魏猛将庞德大战三十回合，彼此不分胜负。他处事沉着、冷静，所以每每在关羽意有冲动之举时，如在荆州想杀害吴国来使诸葛瑾、欲单刀远赴鲁肃宴会等，总是能冷静劝阻，化解隐患。建安二十四年（219）的荆州之争，由于孙权和曹操暗中勾结，致使关羽腹背受敌，关平与父亲一同败走麦城，双双被孙权斩首。

关平石像

周仓是《三国演义》和民间传说中虚构的一个人物。传说，他本为陕西关西人，虽出身贫寒，然性情豪迈。早年迫于生计，以挑贩私盐为生，从而练就了一双铁脚板、两条飞毛腿和一身好武艺。184 年，天下大乱，各地农民军揭竿而起。周仓也加入其中，并成为黄巾军主要指挥官张宝麾下的一员。张宝死后，周仓又因久

慕关羽盛名而投归其帐下，成为关羽的贴身侍从，为其扛大刀，日日跟随在他左右。关羽攻打樊城时，周仓曾生擒魏军的立义将军庞德。后来关羽被杀，周仓在麦城失声大哭，遂拔剑自刎。

再来看这一对石雕关平、周仓像，一个沉稳一个威猛，一个聪慧一个憨厚——不同的人物形象和个性被表现得入木三分。

周仓石像

# 拴马桩

　　在浏览了绚丽多姿的陕北汉画像石、气象雄阔的汉唐陵墓石刻、庄严神秘的佛教造像之后，我们可以轻松一下，来欣赏明清拴马桩艺术。

　　如果说上述皇家陵墓、佛教寺院的石刻艺术为经典巨制的话，那么拴马桩则可被称为民间石刻小品。关于拴马桩，历代的美术史都没有任何的记载，其被埋没在乡间村头、草莽荒野。直到近些年，拴马桩才引起了人们的重视，竞相收藏，并开始研究。应该说，拴马桩与石门礅、抱鼓石、门狮一样，都属于建筑石刻的附属品。

　　拴马桩又称拴马石，是过去乡绅大户等殷实富裕之家竖立在大门两侧，用以拴系骡马的石雕品。石桩柱头往往雕以精美的人、兽形象，且造型多样、镌刻朴实。它不仅是居民宅院建筑的有机组成部分，而且与门前的石狮一起，共同成为装点建筑、炫耀富有的象征，又兼有避邪镇宅的作用，因而人们戏称其为"庄户人家的华表"。

　　拴马桩广泛地分布于陕西的关中和渭北地区。其

所用石材多是灰石、黑青石，少数用细沙石。一般来说，大型的拴马桩通高约 3 米，中型的约 2.6 米，小型的约 0.23 米。石桩由桩头、桩颈、桩身和桩根四部分组成。其中，桩头是石雕的主要部位；桩颈承托桩头，一般上圆下方，浮雕莲瓣、鹿、马、鸟、兔、云水、博古等图案；桩身少数刻串枝纹、卷水纹、云水纹等；桩根则埋入地下。

拴马桩的题材较丰富，有人物、动物、莲瓣等，是工匠们在石柱头上有限的空间里，充分发挥想象力加以创作的。一般人物、动物呈 45 度角侧视。人物造型多以胡人形象为主，且为突出五官极尽夸张，给人以"大丑若美"之感。

在众多的拴马桩中，以表现人物形象为主要内容的最为精美。其上人物五官及衣饰刻画细致，所持物件如烟斗、如意、琵琶、月琴等，都雕琢得十分逼真，皆手足传神、眉目传情。特别是对筋骨肌肉的刻线，明显受到中国画线描技法的

影响，具有飞动流泻之美和气韵兼力之神态。在以人物为主要内容的拴马桩中，又以"人骑兽"最为精彩。骑兽者以青壮年为主，也有老人与孩童。跨下之兽以狮居多，多在狮子前肢或人臂腕间镂凿穿系缰绳的孔眼。狮子突出其扭转身躯的动态，骑者则表现为俯身前冲或做驼背卷伏的动态，颇为生动。还有人骑马、骑麒麟、骑大象等形象。骑兽者多架鹰，背负大山，肩爬猴子、蟾蜍等动物，还常表现出人与兽亲昵的样子。

拴马桩的雕刻手法细腻，造型丰富多样。在技法上，融圆雕、浮雕和线刻为一体。在风格上，追求变形夸张的手法，以达到浪漫诙谐的效果。总之，在一块块普普通通的青石上，民间艺术家将自己的聪明才智和审美情趣发挥得淋漓尽致，从而使拴马桩石刻既成为民间石雕艺术的典型代表，又成为乡土文化中的一道亮丽的风景。

作为民俗石刻艺术的瑰宝，拴马桩还有一个特殊的功能——它隐喻着我国民间祈福纳祥的美好愿望。比如，猴桩的塑造。一般来说，在拴马桩的顶部刻绘一只姿态夸张的猴子，"猴"与"侯"谐音，再与拴马桩的特殊功能相结合，就形成了"马背封侯""上马封侯"的隐喻。又比如，各类狮桩的造型。狮子来自国外，在中国民间被视为神兽，具有祛灾除疾的隐喻。于是，在宫廷、宅院、墓道等地方，都用成对的狮子来守护，以祈求平安。且"狮"与"事"同音，"狮""事"隐喻事事如意、万事顺达之意。

拴马桩所体现的是一个无比丰富而深邃的文化精神领域，它不但有着雕刻艺术方面的价值，而且蕴藏着民间百姓的宗教思想、生命意识和图腾崇拜。